Vorwort

Das Streben nach Glück liegt in der Natur des Menschen: Kaum einem anderen Ziel jagen wir so beharrlich nach, an keiner anderen Vision halten wir zeitlebens so unerschütterlich fest. Dabei macht sich jeder von uns seine ganz eigene Vorstellung vom Glück und sucht es auf seine persönliche Weise. Und wenn er es dann einmal gefunden zu haben glaubt, wünscht er sich, es für immer festhalten zu können. Was aber ist Glück überhaupt? Verstehen wir alle etwas anderes darunter oder gibt es so etwas wie *das* Glück schlechthin? Kann es länger als einen flüchtigen Moment lang andauern? Und sind wir in der Lage, unser Glück zu beeinflussen? Oder ist alles nur Schicksal?

Nicht nur kluge Köpfe haben sich in den vergangenen Jahrhunderten diese Fragen gestellt – auch jeder Einzelne von uns sieht sich immer wieder mit ihnen konfrontiert. Dieser TaschenGuide macht sich deshalb auf die Suche nach Antworten. Es soll jedoch weniger darum gehen, Patentrezepte für ein glückliches Leben zu liefern – denn die gibt es nicht –, als vielmehr, Möglichkeiten aufzuzeigen und Denkanstöße zu geben. So lassen sich neue Einsichten gewinnen und Kurskorrekturen vornehmen – damit Sie nach der Lektüre dem Schriftsteller Lawrence Durrell beipflichten können, der gesagt hat: „Das Glück beruht oft nur auf dem Entschluss, glücklich zu sein." Wir wünschen Ihnen viel Erfolg!

Susanne Schwalb und Barbara Imgrund

TaschenGuides – alles, was Sie wissen müssen

Für alle, die wenig Zeit haben und erfahren wollen, worauf es ankommt. Für Einsteiger und für Profis, die ihre Kenntnisse rasch auffrischen wollen:

- Sie sparen Zeit und können das Wissen effizient umsetzen.
- Kompetente Autoren erklären jedes Thema aktuell, leicht verständlich und praxisnah.
- In der Gliederung finden Sie die wichtigsten Fragen und Probleme aus der Praxis.
- Das übersichtliche Layout ermöglicht es Ihnen, sich rasch zu orientieren.
- Schritt für Schritt-Anleitungen, Checklisten, Beispiele und hilfreiche Tipps bieten Ihnen das nötige Werkzeug für Ihre Arbeit.
- Als Schnelleinstieg in ein Thema ist der TaschenGuide die geeignete Arbeitsbasis für Gruppen in Organisationen und Betrieben.

Ihre Meinung interessiert uns! Mailen Sie einfach an die TaschenGuide-Redaktionunter online@haufe.de. Wir freuen uns auf Ihre Anregungen.

Inhalt

Was ist Glück?

Die eine, letztgültige Definition von Glück gibt es nicht: Jeder Einzelne von uns macht sich seinen eigenen Begriff davon und füllt ihn mit seinen persönlichen Zielen und Träumen. Doch wer sich bewusst macht, wie seine Vorstellung vom Glück aussieht, ist ihm schon einen Schritt näher.

Glück hat viele Gesichter

„Glück auf!", lautet der Gruß der Bergleute. Jeder ist seines Glückes Schmied, lehrt uns das Sprichwort. Glücksbringer baumeln von den Rückspiegeln unserer Autos und helfen uns durch Prüfungen, und zu Geburtstagen, Hochzeiten und Taufen beglückwünschen wir einander. Im Berufsalltag wünschen wir uns Glück für ein Vorstellungsgespräch, für die Präsentation bei einem wichtigen Kunden oder für einen Vortrag vor großem Publikum. Die Liste ließe sich beliebig verlängern, doch schon diese wenigen Beispiele machen deutlich, wie allgegenwärtig das Glück in unserem Alltag und in unserer Sprache ist. Im Sehnen und Streben danach sind wir uns alle einig.

Was gehört für Sie dazu?

Wenn es aber daran geht, zu definieren, was wir mit Glück eigentlich meinen, sind die Antworten so unterschiedlich wie die Menschen, die wir fragen. Machen Sie einmal die Probe aufs Exempel: Was bezeichnen Sie persönlich als Glück – wann also sind Sie für Ihre Begriffe glücklich? Und nun stellen Sie dieselbe Frage Ihrem Partner, Ihren engsten Familienangehörigen und guten Freunden. Sie werden schnell sehen: Glück ist nicht gleich Glück, und was der eine darunter versteht, muss nichts mit dem Glücksbegriff des anderen zu tun haben.

Sie selbst brauchen zum Beispiel ein intaktes Familienleben zum Glücklichsein, während ein Freund Wohlstand und finanzielle Unabhängigkeit über alles stellt und wieder ein anderer den sicheren Arbeitsplatz oder die Gesundheit. Und dann gibt es da ja auch noch das kleine Glück, das man empfindet, wenn man nach einem anstrengenden Aufstieg auf einem Berggipfel steht, wenn man einen schönen Abend mit Freunden genießt oder wenn im beruflichen Kontext eine Aufgabe gut gelungen ist und wir positives Feedback von einem Kunden oder vom Chef bekommen.

So finden Sie Antworten

Die Antwort auf die Frage nach dem eigenen Glücksbegriff fällt vielen gar nicht so leicht, weil sie bisher nur eine recht vage Vorstellung davon hatten. Wenn es auch Ihnen so geht, sollten Sie sich für den folgenden Test einige Minuten Zeit nehmen. Lesen Sie sich Frage für Frage durch und antworten Sie wahrheitsgemäß darauf. Es geht nicht um möglichst schlaue oder originelle Antworten – wichtig ist nur, dass Sie sich Gedanken dazu machen und sich dessen bewusst werden, wonach Sie sich sehnen. Finden Sie heraus, was Ihr subjektiv empfundenes Glück ist.

Test: Wie sieht Ihre Vorstellung vom Glück aus?

Was bedeutet für Sie Glück?

___

Würden Sie sich eher als glücklich oder eher als unglücklich bezeichnen? Aus welchen Gründen?

___

Wann waren Sie zum letzten Mal bewusst glücklich?

___

Wann waren Sie zum letzen Mal bewusst unglücklich?

___

Welche Wünsche möchten Sie erfüllt sehen?

1. ___
2. ___
3. ___

Wie zufrieden sind Sie mit Ihrer Lebensweise als Single oder in Ihrer Partnerschaft?

___

Wie zufrieden sind Sie mit Ihrer Gesundheit bzw. Ihrem körperlichen Zustand?

___

Wie empfinden Sie Ihre Freundschaften?

___

Wie empfinden Sie den Rückhalt durch Ihre Familie?

Beneiden Sie andere Menschen? Wenn ja, warum?

Wie zufrieden sind Sie mit Ihrer Arbeit?

Wie empfinden Sie Ihr Verhältnis zu Ihren Kollegen?

Sind Sie der Meinung, dass Sie Ihre Freizeit sinnvoll nutzen?

Was ist Glück für Ihren Partner?

Für wie glücklich schätzen Sie Ihren besten Freund ein?

Welche Rolle spielen materielle Dinge in Ihrem Leben?

Glauben Sie, dass ein Lottogewinn Sie dauerhaft glücklich(er) machen würde?

Unser Glücksbegriff ist nicht statisch: Was Sie als Kind oder Heranwachsender als Glück empfunden haben, hat vermutlich mit Ihrer Glücksvorstellung von heute nicht mehr viel zu tun. Nehmen Sie sich deshalb nach der Lektüre dieses Buches diesen Test noch einmal vor und überprüfen Sie, ob sich Ihre Einschätzungen zu Ihren Beziehungen, Ihrer Befindlichkeit, Arbeit, Freizeit, materiellen und immateriellen Werten in der Zwischenzeit verändert haben.

Glückslehren und andere Forschungen

Natürlich ist Glück weit mehr als nur Privatsache – seit Jahrhunderten befassen sich so unterschiedliche Disziplinen wie Philosophie und Psychologie und seit einigen Jahrzehnten auch Natur- und Wirtschaftswissenschaften mit diesem Forschungsgegenstand.

Glück – ein Ereignis, eine Empfindung oder ein Zustand?

Brockhaus definiert Glück als „komplexe Erfahrung der Freude angesichts der Erfüllung von Hoffnungen, Wünschen, Erwartungen, des Eintretens positiver Ereignisse" sowie als „Einssein des Menschen mit sich und dem von ihm Erlebten". Dies impliziert zweierlei: Glück kann man haben, und Glück kann man empfinden. Im ersten Fall wird es als „günstige Fügung" des Schicksals aufgefasst, im zweiten Fall als „Zustand des Wohlbefindens, der Zufriedenheit mit dem eigenen

Leben". Anders formuliert: Das eine Mal wird Glück von außen (extern) an uns herangetragen, das andere Mal entsteht es in uns selbst (intern). In diesem Buch soll es vorrangig um Letzteres gehen: um einen Zustand des Einsseins mit sich selbst und den Dingen um sich herum – und um die Frage, ob und wie man diesen Zustand absichtsvoll und möglichst auf Dauer herbeiführen kann.

■ *Der Begriff „Glück" hat zwei Bedeutungsebenen: Er bezeichnet sowohl ein erfreuliches zufälliges, punktuelles Geschehnis (Glück haben) als auch einen vorübergehenden oder andauernden Zustand des subjektiven Wohlbefindens (Glück empfinden).* ■

Kann man Glück erforschen?

Man kann! Jedenfalls tun dies Dichter und Denker seit der Antike bis in unsere Tage. Allerdings haben sich den Philosophen von damals in jüngster Vergangenheit auch Ökonomen, Psychologen, Mediziner und Neurobiologen hinzugesellt, um nur einige zu nennen – und sind dabei zu der einen oder anderen Erkenntnis über das Glück gelangt.

Glückslehren der Philosophie

Philosophen waren sicherlich die ersten, die sich quasi beruflich den Kopf über das Glück zerbrachen. Abhängig von ihrem jeweiligen Menschenbild gehen sie der Frage nach, was Glück ist, ob es von der reinen Bedürfnisbefriedigung zu unterscheiden ist und wie man es erreichen kann: im sozialen Miteinander, für sich persönlich und in Beziehung zum Göttlichen. Die Philosophie versteht sich als Disziplin, die nach der Lehre vom richtigen Leben sucht, und sie beschäftigt sich daher auch mit dem Glück – ein Aspekt, der auch heute durchaus noch aktuell ist: Die Vielzahl und der Erfolg moderner Zeit- und Selbstmanagementlehren, bei denen es unter anderem zum Beispiel um die so genannte Work-Life-Balance geht, zeigen dies.

Neurobiologische Forschungen

Neurobiologen erforschen gleichermaßen das Glück: Dank der technologischen Errungenschaften der modernen Medizin verfügen sie heute über die Möglichkeiten, mittels Computertomografie und Magnetresonanzverfahren jene Gehirnareale im linken Stirnlappen sichtbar zu machen, die bei glücklichen Empfindungen aktiv sind. Zudem befasst sich diese relativ junge interdisziplinäre Wissenschaft mit der Untersuchung von hormonellen Botenstoffen wie Serotonin oder Dopamin, die im Gehirn Glücksgefühle auszulösen imstande sind und daher im Volksmund „Glückshormone" genannt werden.

Was die Wirtschaftswissenschaftler untersuchen

Die Wirtschaftswissenschaftler haben allerdings bemerkt, dass es zu kurz gegriffen wäre, den Menschen allein als Homo oeconomicus zu erklären, der nur seine Bedürfnismaximierung im Sinn hat. Augenfälliger Beweis dafür sind die Ergebnisse aktueller Umfragen, wonach zusätzliches Einkommen in ohnehin schon reichen Ländern das Glückgefühl der Menschen offenbar nicht mehr im erwarteten Maß zu steigern vermag. Diese Erkenntnis spielt im Zusammenhang mit neu erschlossenen Absatzmärkten und Zielgruppen eine wichtige Rolle.

Erkenntnisse der Psychologie

Die Psychologie wiederum beschäftigt sich nicht mehr wie bisher ausschließlich mit den Faktoren, die uns unglücklich und krank werden lassen, sondern will nunmehr umgekehrt in einem neuen Nebenzweig, der Positiven Psychologie, herausfinden, was unser Leben lebenswert macht. Diesem Ansatz zufolge entsteht Glück nicht allein durch die Abwesenheit von Unglück und Leid, sondern muss aktiv hergestellt werden.

So sehen es die Philosophen

Die Königsdisziplin der Glücksforschung bleibt indes die Philosophie, ist doch Glück selbst kein mess- oder greifbarer empirischer Gegenstand, sondern ein höchst subjektives Gut, das jeder Einzelne von uns mit seinen eigenen Inhalten füllt.

Antike: Glück nicht ohne soziale Gemeinschaft

Der große griechische Denker Platon (428/427 – 348/347 v. Chr.) war einer der Ersten, die erkenntnistheoretisch über das Glück nachdachten. Er geht von drei Dimensionen des Glücks aus: dem Glück der Beziehung zum Göttlichen, des persönlichen Menschseins und des sozialen Miteinanders – wobei ohne die erste Dimension die beiden anderen nicht denkbar sind. Platon verwirft das Konzept der reinen Bedürfnis- und Lustbefriedigung des Individuums und koppelt

Glück an eine ethisch-moralische Idee: die Idee des Guten, die das Glück legitimiert. Wahres Glück setzt ihm zufolge Weisheit und Tugend voraus, ist nur dem philosophierenden Menschen möglich und weist gleichzeitig über ihn hinaus – es ist transzendent. Damit hat es nichts mehr mit jenem äußerlichen, materiellen Scheinglück gemein, das viele erstreben.

Bei Aristoteles (384/383 – 322/321 v. Chr.) verengt sich dieser Glücksbegriff bereits: Der Mensch ist zwar weiterhin dem Schicksal unterworfen, doch wer tüchtig und tugendhaft ist, kann sein Leben frei gestalten und Glück erlangen – wobei dieses stets auf das Miteinander im Staats- und Gemeinwesen bezogen bleibt.

Neuzeit: Das Glück des Individuums

In der abendländischen Philosophie kann sich diese Auffassung zwar lange halten, wird aber zunehmend brüchig, da der Mensch offensichtlich nicht in der Lage ist, ein dauerhaftes, harmonisches Sozialwesen zu konzipieren. So klammern Luther, Descartes und Kant Glück im Hinblick auf ein gesellschaftliches Miteinander gar ganz aus – um auf das Glück des Einzelnen abzuheben, das er durch Pflichterfüllung und ein vorbildliches Leben erreichen kann.

Auf dem Weg von der Antike in die Neuzeit ist von der Idee des Glücks als transzendentem, ethischem Wert also nicht mehr viel übrig geblieben: Es geht mehr und mehr um die Befriedigung persönlicher Bedürfnisse und Triebe. Diese rückläufige Bewegung gipfelt in den Konzepten des neuzeitlichen Materialismus und Empirismus, denen zufolge Glück in der Gemeinschaft gänzlich unmöglich sei, ja schlimmer noch: der menschlichen Natur zuwider laufe. Das Leben im Gemeinwesen muss durch Normen geregelt werden, da auf die selbstregulierende Tugendhaftigkeit und Tüchtigkeit möglichst vieler Individuen kein Verlass mehr ist.

Wer heute den Begriff „Glück" verwendet, denkt nicht mehr Platon und seine Idee vom dreidimensionalen Glück mit. Er meint das Glück des Einzelnen, nach dem streben zu dürfen 1776 in der amerikanischen Unabhängigkeitserklärung als unveräußerliches Menschenrecht festgeschrieben wurde *(pursuit of happiness)*.

Glück heute: Nur individuelle Bedürfnisbefriedigung?

Doch schon gut ein Jahrhundert später sezierte Sigmund Freud dieses Glücksstreben mit psychologisch geschultem Blick: Es ziele vorrangig auf das „Erleben starker Lustgefühle" ab und sei mithin nur als „episodisches Phänomen" möglich. Das ernüchternde Fazit, das der Vater der Psychoanalyse daraus zog, demontierte zweieinhalb Jahrtausende abendländischer Philosophie: Die Absicht, dass der Mensch glücklich werden solle, sei im Plan der Schöpfung „nicht enthalten", denn der Mensch könne nur den Kontrast intensiv genießen, nicht aber den Zustand selbst.

Logische Konsequenz dieser Überzeugung ist die Ausrichtung vieler Menschen auf Bedürfnisbefriedigung im weitesten Sinne, zumindest, was das kurzfristige Glücksempfinden betrifft: So suchen und finden viele in Unterhaltung und

Konsum ihr Glück. Andererseits zeugt nicht nur die Esoterikwelle der 1980er-Jahre davon, dass die meisten sich noch nach etwas anderem sehnen: nach einem Sinn in ihrem Leben, der auch ein „höherer" im Sinne von Religion sein kann. Und um den Kreis zu schließen: Natürlich gehören für viele ein Beruf, der sie fordert und erfüllt, eine gute Partnerschaft und ein haltbares soziales Netz zum Lebensglück dazu.

Was macht das Leben lebenswert?

Sicherlich erinnern auch Sie sich an glückliche Augenblicke in Ihrem Leben: zum Beispiel die Zeit der ersten Liebe, das Bestehen wichtiger Prüfungen, ein traumhaftes Stellenangebot, einen lang ersehnten Karriereaufstieg, die Zusage eines heiß umworbenen Kunden. Meist handelt es sich bei diesem Glück um eine begrenzte Zeitspanne starker positiver Emotionen, die relativ flüchtig ist und schneller wieder vorüber geht, als uns lieb ist. Kein Wunder also, dass wir uns umso mehr wünschen, diesen Zustand und die Gefühle, die ihn begleiten, möglichst oft und lange erleben zu können. Doch wie erreichen wir das? Jeder kann an seinem Glück arbeiten: an der inneren Einstellung dazu und der Definition dessen, was er darunter versteht. Und damit nicht genug: Wir können das Glück aktiv in unser Leben bringen.

Grundkonstanten des Glücks

Der Volksmund meint: Geld macht nicht glücklich. Dem widersprechen sicherlich viele – manche würden die Begriffe sogar gleichsetzen! Die Crux dabei: Irgendwann merken selbst Bestverdienende, dass Geld allein tatsächlich keine Glücksgarantie ist. Nur bei sehr armen Menschen, die unterhalb des Existenzminimums leben, ist ein direkter Zusammenhang zwischen Geld und Glück nachweisbar. Sobald jedoch die Grundversorgung gewährleistet ist, die elementarsten Bedürfnisse befriedigt sind, löst ein materieller Zuwachs kein gesteigertes Glücksempfinden mehr aus.

Acht Prämissen des Glücks

Ebenso wenig, wie ein prall gefülltes Bankkonto Glück zu garantieren vermag, kann dies Schönheit, eine gute Ausbildung oder Klugheit – so sind etwa gerade besonders attraktive Menschen oft unzufrieden und fürchten die Vergänglichkeit ihrer äußeren Erscheinung. Das Geheimnis des Glücks muss anderswo zu suchen sein, und so hat sich die Glücksforschung in den letzten Jahren daran gemacht, es zu lüften. In Befragungen und Feldstudien haben sich die folgenden Eigenschaften und Überzeugungen herauskristallisiert, die den meisten glücklichen Menschen gemeinsam sind:

1 *Glückliche Menschen verfügen über ein stabiles, gesundes Selbstwertgefühl.* Ihre hohe Wertschätzung für sich selbst und das, was sie tun, stellt eine solide Grundlage dar, auf die sie in allen Lebenslagen zurückgreifen können. Sie zweifeln nicht an sich und ihren Möglichkeiten, sondern strahlen Vertrauen und Zuversicht aus – und sie achten auch auf ihre Mitmenschen.

2 *Glückliche Menschen sind Optimisten.* Sie gewinnen allen Dingen eine positive Seite ab, glauben an sich und ihre Fähigkeiten und bleiben dabei Realisten. Sie nehmen Kritik und Feedback der anderen ernst und prüfen deren Relevanz. Sie verfolgen engagiert ihre Ziele und sind in der Lage, den Weg dahin freizuräumen.

3 *Glückliche Menschen sind extrovertiert.* Durch ihre vielfältigen sozialen Kontakte erlernen sie kompetentes Verhalten leichter als zurückgezogen lebende Menschen und sind in der Lage, flexibel auf neue Situationen zu reagieren. Sie erkunden ihre Umwelt, sind neugierig, aufgeschlossen, gehen aus sich heraus und auf andere zu – Eigenschaften, die entscheidend zu ihrer Glücksfähigkeit beitragen.

4 *Glückliche Menschen glauben, ihr Leben in der Hand zu haben.* Sie gestalten es aktiv und gehen Aufgaben wie Risiken pragmatisch an. Vor Misserfolgen kapitulieren sie nicht, sondern lernen aus ihnen. Sie übernehmen Verantwortung für das, was sie tun, und fühlen sich selten lange hilflos oder einem wankelmütigen Schicksal ausgeliefert. Sie führen ihr Leben selbstbestimmt. Sie leisten gern etwas, das Gefühl, gefordert zu sein – ob im Beruf oder im Sport –, ist für sie der beste Ansporn zu Höchstleistungen.

5 *Glückliche Menschen schaffen einen Ausgleich zwischen Anspannung und Entspannung.* Zum einen ist für sie ein erfülltes Berufsleben in erster Linie Ansporn und kein negativer Stress. Und wenn es ihnen doch einmal zu viel

wird, verstehen sie es, rechtzeitig gegenzusteuern, sodass kein Ungleichgewicht entsteht.

6 *Glückliche Menschen sind nicht auf das große Glück fixiert und haben oft positive Erlebnisse.* Sie stehen nicht jeden Morgen mit dem Gedanken an einen Lottogewinn auf, sondern leben ihr Leben, wie es gerade kommt. Vor allem schätzen sie auch die kleinen Freuden im Leben als Glücksmomente – und führen diese immer wieder bewusst herbei. Dabei kommt es ihnen nicht so sehr auf die Intensität solcher Erlebnisse an als vielmehr auf deren Häufigkeit.

7 *Glückliche Menschen haben Ziele.* Sie binden sich an realistische, spezifische und messbare Ziele und Vorgaben und setzen sich bei der Zielerreichung nicht zu sehr unter Druck. Sie erreichen ihre Ziele vielmehr mit leichter Hand, eben weil sie nicht unangemessen hoch gesteckt sind. Sie können flexibel reagieren und schnell umdisponieren, wenn es nicht so läuft wie geplant.

8 *Glückliche Menschen haben Werte und eine Vorstellung vom Sinn ihres Lebens.* Das gibt ihnen sozusagen ein Koordinatensystem an die Hand, in dem sie ihre Erfolge und Misserfolge, ihre Ziele und Wünsche verorten können. So behalten sie immer auch das große Ganze im Blick und können Schicksalsschläge und unangenehme Erfahrungen besser verkraften.

▪ *Glückliche Menschen erleben sich als Meister ihres Lebens. Sie wissen, wer sie sind, was sie wollen und wie sie dies erreichen können. Sie stehen dem Leben positiv gegenüber, glauben, ihre Lebensbedingungen beeinflussen zu können, und bestimmen ihren Weg selbst.* ▪

Ihr Talent zum Glück

Oft will es uns scheinen, als hätten manche Menschen eine größere Begabung zum Glücklichsein als andere. Diese lässt sich vor allem an einem grundsätzlichen Optimismus festmachen, der dem Leben selbst in der misslichsten Lage noch eine gute Seite abzugewinnen vermag.

Wenn Sie sich nun benachteiligt fühlen, weil Ihnen ein solcher Optimismus nicht in die Wiege gelegt wurde, lassen Sie sich an dieser Stelle gesagt sein: Optimismus kann man lernen! Dahinter steckt kein Gen, sondern Erziehung, denn Optimismus wird zumeist von den Bezugspersonen im engsten Umfeld erworben. Wem dieses Umfeld in frühester Kindheit fehlte, der kann später noch durchaus zu einem optimistischen Menschen werden – und zwar aus eigener Kraft. Voraussetzung dafür ist ein gewisses Maß an Selbstbeobachtung, der Wille, an sich zu arbeiten und alte Denkmuster zu eliminieren (siehe S. 50 ff.), sowie ein Satz an positiven Überzeugungen, Methoden und Techniken, die Sie Schritt für Schritt verinnerlichen (siehe S. 89 ff.).

Die Chemie des Glücks

Glück schlägt sich auch empirisch messbar auf der körperlichen Ebene nieder: Wenn wir glücklich sind, gerät unser Körper in einen wahren „Drogenrausch“. Oder ist es etwa andersherum: Empfinden wir Glück, weil unsere Hormone uns in Hochstimmung versetzen?

Die Rolle der Hormone

Endlich ist es so weit: Frühling! Nach den dunklen Monaten des Winters erwacht die Sonne zu neuem Leben, die Natur explodiert förmlich vor Farben, und Wärme kitzelt Ihre Haut. Und plötzlich, aus heiterem Himmel, spüren Sie es – das Frühlingsglück.

Schuld an den sprichwörtlichen Frühlingsgefühlen ist der Neurotransmitter Serotonin, dessen Ausschüttung durch die Aufnahme des Sonnenlichts über Augen und Haut angeregt wird. Dieser Botenstoff gelangt über das Blut ins Gehirn und erzeugt dort ein Stimmungshoch, das Sie in Euphorie versetzt – zum Glück übrigens nicht nur in Abhängigkeit von der warmen Jahreszeit, wenn die Sonne scheint.

Körpereigene Glücksboten

Das Glück sitzt hinter den Augen. Zu diesem Schluss kamen Neurobiologen von der Universität Oxford, die die Gehirne von Probanden mittels moderner bildgebender Verfahren durchleuchteten. Im Laborversuch beobachtete man die Gehirnaktivität der Versuchspersonen per Magnetresonanztomografie und ermittelte, dass positive Gefühle im präfrontalen Kortex hinter der linken Stirnhälfte abgebildet werden. Bereits in den 1960er-Jahren hatte man übrigens in Versuchen Ähnliches herausgefunden: Elektrische Stromstöße, mit denen man dasselbe Gehirnareal stimulierte, lösten Hochgefühle bei den Patienten aus.

Weiter entdeckte man, dass Menschen mit einer erhöhten Aktivität in diesem Bereich generell positiver gestimmt sind und mehr Freude am Leben haben. Menschen dagegen, deren rechter Stirnlappen aktiver ist, werden als nervöser, missmutiger und gestresster beschrieben.

Kein Wunder also, dass die Forscher dem linken präfrontalen Kortex den Namen „Belohnungszentrum" gaben. Es sorgt im Folgenden dafür, dass Hormone ausgeschüttet werden, die wiederum die einschlägigen Symptome im Körper auslösen: Herzklopfen, Pulsrasen, Blutdruckanstieg, Lachen oder die sprichwörtlichen Schmetterlinge im Bauch – um nur einige zu nennen.

■ *Wenn wir glücklich sind, wird das Hirnareal hinter dem linken Stirnlappen aktiviert. Es schüttet eine Reihe von Hormonen aus, die eine Symptomkette im ganzen Körper in Gang setzen.* ■

Endorphine

Erst seit wenigen Jahrzehnten ist bekannt, dass solche Glücksgefühle auf den Einfluss bestimmter Hormone zurückzuführen sind. Hormone sind körpereigene Substanzen, die Informationen übermitteln; unter ihnen haben besonders die so genannten Glückshormone Berühmtheit erlangt.

Diese endogenen Morphine oder kurz Endorphine sind natürliche Opiate und damit wahre Rauschmittel. Sie überschwemmen uns sozusagen mit guter Laune, triggern Lustgefühle, wirken schmerzhemmend und beruhigend und steigern die Wahrnehmungsfähigkeit. Und all das ganz ohne

Nebenwirkungen, denn im Gegensatz zu synthetischen Drogen reichen die Dosen, in denen die Endorphine ausgeschüttet werden, nicht aus, um eine Sucht zu erzeugen.

So sorgen die Endorphine etwa bei sportlichen Aktivitäten für jene euphorische Stimmung, um deretwillen wir körperliche Anstrengungen in Kauf nehmen. Bei Bungeespringern beispielsweise war während des Sprungs und kurz danach eine um das 200-Fache erhöhte Endorphinkonzentration zu messen. Aber sicherlich kennen auch Sie das erhebende Glücksgefühl, mit dem Sie für den mühevollen Aufstieg auf einen Berggipfel belohnt werden, oder die freudige Gestimmtheit, die Sie für das Durchhalten des Joggingparcours entschädigt. Es bedarf also nicht unbedingt sportlicher Höchstleistungen, um in den Genuss des Endorphinrausches zu kommen.

Dopamin und Serotonin

Eine ganz ähnliche positive Wirkung auf unsere seelische Befindlichkeit haben auch die Neurotransmitter Dopamin und Serotonin. Sie sind dafür verantwortlich, dass wir uns gut fühlen, denn sie funken eine ganz eindeutige Botschaft an die Neuronen im Gehirn: „Sei glücklich!"

Das Dopamin sorgt darüber hinaus auch dafür, dass wir immer wieder Situationen aufsuchen, die schon einmal positive Gefühle in uns geweckt haben. Es erzeugt also nicht Glück selbst, sondern vielmehr ein *Verlangen* nach Glück – Dopamin meldet dieses Bedürfnis an den Körper, damit er etwas unternimmt, um es zu befriedigen. Für den Genuss und das Glücksempfinden ist ein anderes Hormon zuständig: das Serotonin.

Beispiel

Andrea geht der lange Winter auf die Nerven. Sie ist oft traurig und gereizt, klagt über Antriebsarmut und kennt sich selbst nicht mehr. Was sie nicht weiß: Ihr Serotoninspiegel im Blut ist in den letzten Monaten gesunken, und dies hat ihre depressive Verstimmung ausgelöst. Ihr Arzt rät ihr zu regelmäßiger Bewegung im Freien, denn die Einwirkung von Sonnenlicht kurbelt die Serotoninproduktion an. Außerdem wird die Ausschüttung des Schlafhormons Melatonin gedrosselt, das bei Dunkelheit und winterlichem Tageslichtmangel für Schläfrigkeit sorgt. Und tatsächlich: Schon nach ein paar Spaziergängen an der frischen Luft geht es Andrea wieder besser. Sie fühlt sich wach und fit und findet endlich zu ihrer guten Laune zurück. Serotonin sei Dank!

Der Serotoningehalt in Ihrem Blut sagt einiges über Ihre Glücksfähigkeit aus: Wenn er zu niedrig ist, würde Sie selbst das schönste Erlebnis nicht wachrütteln und zu einem Sturm der Begeisterung hinreißen können. Entsprechend hat man festgestellt, dass Menschen, die zu Depressionen neigen, konstant zu wenig Serotonin produzieren und auch nicht genug Nervenzellen besitzen, die dieses Hormon herstellen; und auch für Angst- und Schlafstörungen wird ein chronischer Serotoninmangel verantwortlich gemacht. Es konnte ebenfalls nachgewiesen werden, dass die Nervenzellen von Frauen und alten Menschen nicht so viel Serotonin herstellen können wie die von Männern. Aus diesem Grund werden vor allem Frauen und Senioren von Depressionen heimgesucht.

Was tun bei Glückshormonmangel?

Wenn Menschen von einem Dopamin- oder Serotoninmangel betroffen oder jahreszeitlich bedingt depressiv verstimmt sind, ist das im Normalfall kein Grund zur Beunruhigung. Dies ist kein Schicksal, mit dem man sich abfinden muss, und wenn man nicht unter ernsthaften Depressionen leidet, sollte auch erst einmal die chemische Keule im Arzneischrank bleiben. Versuchen Sie lieber zunächst, das Problem durch Ihre eigene aktive Mitwirkung in den Griff zu bekommen. Sie selbst können nämlich eine ganze Menge tun, um Ihren Hormonhaushalt auszugleichen.

Essen Sie sich glücklich

Schokolade ist der Klassiker unter den „Nervennahrungsmitteln". Sie enthält – neben Hunderten anderer Stoffe – zum einen satte Ration kurzkettiger Kohlenhydrate und zum anderen die Aminosäure Tryptophan, die im Körper nur mit Hilfe von ebendiesen Kohlenhydraten zu Serotonin umgebaut werden kann. Beide Substanzen bewirken daher tatsächlich eine Stimmungsaufhellung. Allerdings sollte Schokolade nur sparsam verzehrt werden, da ihr hoher Zuckergehalt für eine überschießende Insulinproduktion und Heißhungerattacken sorgt und sich ihr Fettgehalt ungebremst auf den Hüften niederschlägt.

Und wer noch mehr Hunger auf Glück hat, sollte sich eine Portion Pasta schmecken lassen: Sie enthält ebenfalls Tryptophan und – im Gegensatz zur Schokolade – komplexe

Kohlenhydrate. Das bedeutet, dass der Körper über einen längeren Zeitraum als bei kurzkettigem Zucker Serotonin produzieren kann. Sie bleiben daher auch länger glücklich!

▪ *Glück kann man essen: Die Aminosäure Tryptophan, die in Speisen mit längerkettigen Kohlenhydraten enthalten ist, kann im Körper zu Serotonin umgebaut werden.* ▪

Lachen ist gesund – Weinen auch

Dass Optimisten das Leben leichter nehmen und sich statistisch gesehen drei Mal seltener erkälten als Miesepeter, mag mittlerweile ein Gemeinplatz sein. Nun aber erhält diese These Rückendeckung aus der Forschung.

Britische Wissenschaftler maßen bei 216 männlichen Probanden 33 Mal täglich die Vitalwerte und nahmen acht Mal pro Tag Speichelproben. Es zeigte sich, dass bei den glücklichen Versuchspersonen, die öfter als die anderen lachten, Blutdruck, Pulsfrequenz und der Spiegel des Stresshormons Kortisol niedriger waren – allesamt Risikofaktoren für Herz-Kreislauf-Erkrankungen.

Beim Lachen geschieht also einiges in unserem Körper, das unserer Gesundheit gut tut:

- Die Immunabwehr wird stimuliert.
- Die Sauerstoffkonzentration im Gehirn erhöht sich.
- Glückshormone und schmerzstillende Substanzen werden freigesetzt.

- Die Produktion von Stresshormonen wird gedrosselt.
- Das Herz schlägt langsamer, der Blutdruck sinkt.
- Die Verdauung wird angeregt.
- Die Muskulatur entspannt sich.
- Das Belohnungszentrum im Gehirn wird aktiviert.

Interessante Nebenerkenntnis der Forscher: Nur wer herzlich lacht, kommt in den Genuss all dieser Vorteile. Gestelltes Lachen hingegen ist dem echten Lachen unterlegen und bringt keinen nennenswerten Effekt.

Paradoxerweise kann sogar Weinen für Entlastung und Erleichterung bei einer angespannten Gemütslage sorgen, Stress abbauen und uns mithin glücklicher machen. Man weiß heute, dass mit den Tränen krank machende Stoffe aus dem Körper geschwemmt werden: darunter bestimmte Eiweiße, die im Gefolge negativer Gefühle entstehen und in überhöhter Konzentration unserer Gesundheit abträglich sind. Ferner enthält die Tränenflüssigkeit die schmerzstillende Substanz Leuzin-Enkophalin (wie die Endorphine ebenfalls ein körpereigenes Opiat), antibakterielle Enzyme sowie das Hormon Prolaktin, das stark positiv auf die Seele wirkt. Dieser Beruhigungscocktail trägt dazu bei, dass sich beim Weinen seelische Spannungen lösen.

Singen Sie sich frei

Singen befreit die Seele und hebt unsere Stimmung: Es ist dem Geigenvirtuosen Yehudi Menuhin zufolge unsere „eigentliche Muttersprache" und verbindet Körper und Seele.

Ein Mensch, der nicht singt, beraubt sich mithin einer sehr ursprünglichen Ausdrucks- und Kommunikationsform. Umgekehrt sind singende Zeitgenossen in der Regel kontaktfreudiger und aufgeschlossener – also glücklicher.

Singen kann – und sollte – jeder. Untersuchungen haben ergeben, dass das Singen einfacher Volkslieder in Altersheimen zu einer signifikanten Verbesserung des Lebensgefühls der Senioren führt und das Herz-Kreislauf-System ankurbelt. Wer singt, stärkt überdies sein Immunsystem und stimuliert die Selbstheilungskräfte, wie Wissenschaftler der Universität Frankfurt am Main in Experimenten mit einem Laienchor nachweisen konnten: In den Blutproben der Sänger hatte sich bereits nach einstündigem Singen die Konzentration des Immunglobulins A erhöht, das für Abwehrreaktionen zuständig ist.

Und damit nicht genug: Beim Singen wird das uns wohlbekannte Belohnungszentrum im linken Stirnlappen aktiviert; damit geht die Ausschüttung von Endorphinen, Serotonin und Oxytocin einher, einem Stoff, der Gedächtnisprozesse unterstützt. Es konnte ebenfalls gezeigt werden, dass musikalisches Training die sprachliche Entwicklung von Kindern fördert. Die neuronale Vernetzung wird angeregt und das Selbstbewusstsein gestärkt.

Für den Hausgebrauch kommt es übrigens nicht auf Treff- und Textsicherheit oder eine lupenreine Intonation an, sondern vielmehr auf den Spaß an der Freud'. Wer unter der Dusche oder im Auto lauthals vor sich hinschmettert, lässt Emotionen los und wird quasi augenblicklich mit Wohlbefinden und Lebensfreude belohnt. Und noch einen entscheidenden Vorteil hat das Singen – Sie können dabei keine Probleme wälzen oder sich Sorgen machen. Lassen Sie sich daher von genervten Mitmenschen keinesfalls den Mund verbieten: Sie können Ihr Publikum ja schonen und Ihr Können an stillen Orten zum Besten geben, wo andere – und Sie – nicht gestört werden.

▪ *Singen ist eine archaische menschliche Ausdrucksform und für unser seelisches Gleichgewicht sehr wichtig. Es stellt ein gesundes Ventil dar, mit dem wir aufgestaute Emotionen ablassen sowie zu einer ausgeglichenen Gemütslage zurückfinden können.* ▪

Glück durch Bewegung

Der Mensch ist nicht für den Schreibtisch gemacht: Genetisch sind wir seit der Steinzeit vor Tausenden von Jahren auf Jagen und Sammeln und damit auf Bewegung programmiert, und daran hat sich bis heute nichts geändert. Doch moderne Fortbewegungsmittel und viele andere Bequemlichkeiten wie Aufzüge und Rolltreppen lassen uns zunehmend erstarren und lähmen unsere Beweglichkeit – nicht nur in körperlicher Hinsicht. So klagt der deutsche „Laufguru" und Mediziner Dr. Ulrich Strunz: „Wir bewegen uns um zwei Drittel weniger als vor hundert Jahren."

Die Deutschen sind also Bewegungsmuffel. In Zahlen ausgedrückt heißt das, dass nur 30 Prozent von ihnen gelegentlich körperlich aktiv werden; 45 Prozent treiben überhaupt keinen Sport. Ein viel zu kleiner Prozentsatz bewegt sich ausreichend, was mindestens zwei Stunden pro Woche bedeutet. Zum Vergleich: Heute umfasst unser durchschnittliches Laufpensum nur 500 bis 600 Meter pro Tag. Früher, bevor es Autos und ein gut ausgebautes Verkehrsnetz gab, bewältigte der Durchschnittsbürger dagegen täglich mehrere Kilometer zu Fuß.

Beispiel

Herr Müller dreht sommers wie winters und bei jedem Wetter eisern seine tägliche Runde, die etwa zwei Kilometer länger ist als der Spazierweg seines gleichaltrigen Nachbarn, Herrn Schmidt. Laut Statistik wird dieser – gleiche Lebensrisiken vorausgesetzt – ganze sieben Jahre früher sterben. Deshalb ist Herr Müller so konsequent bei der Sache: Er weiß, dass nur regelmäßige körperliche und geistige Aktivität den biologischen Alterungsprozess wirkungsvoll verzögern können.

Zahlreiche Studien aus aller Welt belegen, dass (regel)mäßige körperliche Betätigung positive Auswirkungen nicht nur auf unsere physische Gesundheit hat: Bewegung ist ein wahrer Stimmungsaufheller, der es spielend mit leichten Antidepressiva aufnehmen und manche gedankenlos eingenommene Pille überflüssig machen kann. Übrigens zählen in der Aktivitätsbilanz nicht nur klassische Sportarten: Auch beim Treppensteigen, Einkaufen, Fensterputzen oder Heimwerken verbrauchen Sie Energie und halten sich fit. Dem Körper ist es nämlich völlig gleichgültig, wie er bewegt wird – Hauptsache, er kommt überhaupt auf seine Kosten.

Die positiven Auswirkungen körperlicher Bewegung

Ob Sie nun also wandern, schwimmen oder den Weg zum Briefkasten per pedes zurücklegen, es geht immer nur darum, sich aufzuraffen und den sprichwörtlichen inneren Schweinehund zu überwinden. Haben Sie diese Hürde einmal genommen, so ist Ihnen das Erfolgserlebnis und ein gutes (Körper-) Gefühl mit all seinen Vorzügen sicher:

- Körperliche Aktivität stabilisiert die Psyche, steigert Wohlbefinden und Selbstvertrauen und baut Ängste und Depressionen ab: Endorphine und andere Botenstoffe versetzen nicht nur routinierte Sportler in Hochstimmung.
- Sport lenkt ab und schafft Distanz: Wenn Sie sich auf Bewegungsabläufe konzentrieren müssen, können Sie nicht gleichzeitig über Probleme nachgrübeln. Ärger wird in Bewegungsenergie umgesetzt, die Stresshormone abbaut. Manche fragen sich nach dem Training sogar, worüber sie sich vorher so aufgeregt haben.
- Bewegung fördert neueren Untersuchungen zufolge sogar das Wachstum und die Neubildung von Gehirnzellen. Dank der besseren Sauerstoffversorgung des Gehirns funktioniert auch Ihr Gedächtnis wieder besser.
- Wenn Sie die Wahl haben, sollten Sie am besten Sport im Freien treiben: Das Sonnenlicht fördert zusätzlich die gute Laune, da es über die Netzhaut des Auges die Ausschüttung von stimmungsaufhellenden Neurotransmittern stimuliert.

- Wenn Sie es immer wieder schaffen, sich zum Sport zu überwinden und den inneren Schweinehund zu besiegen, lernen Sie sich und Ihre eigenen Stärken besser kennen.
- Beim Mannschaftssport trainieren Sie Sozialkompetenz, Toleranz, Fairplay und Kommunikationsfähigkeit gleichermaßen.
- Bei Kindern verbessert regelmäßige Bewegung die körperliche Koordinationsfähigkeit sowie die Intelligenz- und Sprachentwicklung und damit die Selbstsicherheit und das Vertrauen in die eigenen Leistungen. Außerdem wird vermehrt das Wachstumshormon Somatotropin ausgeschüttet.

Auch beim Sport gilt: Realistische Ziele setzen

Wer jetzt auf den Geschmack gekommen ist, sollte sich allerdings vor zu ehrgeizigen Vorsätzen in Acht nehmen: Das Ziel muss und soll nicht der Ironman sein. Gerade untrainierte Naturen neigen dazu, sich zu überschätzen und angesichts von Überanstrengung, Muskelkater oder gar Verletzungen ihre frisch gewonnene Motivation wieder aufs Spiel zu setzen – und sich damit um den Spaß zu bringen. Das Erfolgserlebnis kann für den Anfang ganz einfach darin bestehen, 20 Minuten Brustschwimmen durchgehalten zu haben. Unerreichbaren Bestmarken und zu hoch gesteckten Zielen hinterher zu hecheln wird Sie dagegen nicht in den Endorphinrausch des Runner's High führen, sondern geradewegs in die Erschöpfung und Frustration.

Zehn Bewegungstipps für den Alltag

1	Stehen Sie morgens eine Viertelstunde früher auf und machen Sie ein paar Fitnessübungen.
2	Nehmen Sie zu Hause oder im Büro stets die Treppen.
3	Verzichten Sie darauf, Ihre Kollegen anzurufen oder ihnen zu mailen, und suchen Sie sie stattdessen in ihrem Büro auf.
4	Lassen Sie sich keinen Kaffee aus der Küche mitbringen, sondern gehen sie immer selbst.
5	Vertreten Sie sich in der Mittagspause die Beine und machen Sie einen Spaziergang um den Block, statt in der Kantine sitzen zu bleiben.
6	Telefonieren Sie öfter mal im Stehen und machen Sie dabei ein paar Dehnungsübungen.
7	Wenn Sie länger sitzen müssen: Stehen Sie mindestens einmal pro Stunde auf, räkeln und strecken Sie sich.
8	Lassen Sie abends den Fernseher aus und drehen Sie noch eine Runde: Das schafft Abstand zum Arbeitstag und bringt Sie auf andere Gedanken.
9	Überlassen Sie das Schneeschippen und Straßekehren nicht anderen, sondern machen Sie es selbst.
10	Lassen Sie das Auto öfter stehen und gehen Sie zu Fuß.

Innerer Frieden durch Meditation

Ein spektakulärer Versuch hat es an den Tag gebracht: In der Ruhe liegt tatsächlich die Kraft – und das Glück! Richard Davidson, seines Zeichens Psychologe an der Universität Wisconsin und selbst seit vielen Jahren meditationserfahren, lud acht Mönche aus dem Umfeld des Dalai Lama ein, um der Frage nachzugehen, welche Vorgänge bei der spirituellen Versenkung im Gehirn ablaufen. Er schloss die Mönche – die alle über mindestens 10 000 Stunden Meditationspraxis verfügten – an Elektroenzephalografen an, steckte sie in die enge Röhre eines Magnetresonanztomografen und zeichnete ihre Gehirnströme während ihrer Sitzungen auf.

Heraus kamen Daten, die landauf, landab durch die Presse gingen, den Dalai Lama allerdings nicht sonderlich überrascht haben dürften: Die heitere Gemütsruhe und Gelassenheit, die man Buddhisten allgemein nachsagt, flimmerte nämlich zum ersten Mal sicht- und messbar über die Monitore der Wissenschaftler. Im gesamten Gehirn der Probanden war eine unverhältnismäßig hohe Konzentration von Gamma-Wellen erkennbar – besonders aber im hochaktiven linken Stirnlappen, den wir schon kennen.

Aus dem direkten Vergleich mit Meditationsanfängern, deren präfrontaler Kortex bereits nach einem achtwöchigen Meditationstraining aktiver als der von Ungeübten war, schloss Davidson: „Glück ist eine Fertigkeit, die sich erlernen lässt wie eine Sportart oder das Spielen eines Musikinstruments." Will heißen: Wer übt, wird immer besser.

▪ *Das Glück der inneren Versenkung wird niemandem geschenkt. Man muss es sich erarbeiten: durch Übung, Geduld und Ausdauer.* ▪

Dafür spricht auch das Phänomen der Gamma-Wellen. Wenn sie auftreten, schwingen alle Nervenzellen synchron, und alles wird eins – ein Zustand, den Ungeübte niemals erreichen. Nichts anderes aber streben alle kontemplativen spirituellen Bewegungen an: Denn wenn dieses Stadium erreicht ist, gibt es keine Unterscheidung mehr zwischen Subjekt und Objekt. Man könnte auch von einem absoluten Verschmelzen zum All-Einen sprechen. Oder vom absoluten Glück.

Das höchste der Gefühle

Im vorigen Kapitel haben Sie erfahren, dass viele unserer Empfindungen mit unseren Hormonen zusammenhängen. Sehen wir uns nun unsere Gefühle genauer an, denn sie sind schließlich der Schlüssel zu unserem Glück: Wie wir mit ihnen umgehen, hat entscheidenden Einfluss auf unsere Fähigkeit, glücklich zu sein.

Glück ist Gefühlssache

Wir haben gesehen, dass am Anfang des Glücks immer eine chemische Reaktion steht: So werden zum Beispiel die UVB-Strahlen des Sonnenlichts oder das Tryptophan aus der Schokolade im Körper zu Neurotransmittern umgebaut. Alle zerebralen Prozesse sind an die Anwesenheit dieser Botenstoffe gebunden, erst durch sie wird Kommunikation in unserem Gehirn möglich. Umgekehrt heißt das: Jeder Emotion und jedem Gefühl ebenso wie allem Denken und Tun liegt die Ausschüttung von Neurotransmittern zugrunde. Ohne diese wäre unser Gehirn ein totes, handlungsunfähiges Organ – und wir könnten nicht fühlen und mithin auch kein Glück empfinden.

Ohne die chemischen Abläufe in unserem Gehirn zu kennen, wusste schon der französische Philosoph Voltaire (1694 – 1778), dass Glück eine Folge angenehmer Gefühle ist. Eine banale Weisheit, doch was sich zunächst so simpel anhört, ist in Wahrheit eine Erkenntnis von großer Tragweite für unser Glücksstreben: Wir brauchen also positive Emotionen, um glücklich zu sein. Oder, um diesen Gedanken noch ein wenig weiterzuspinnen: Wenn es uns gelingt, solche erfreulichen Gefühle in uns zu evozieren, sind wir unserem Glück schon einen Schritt näher gekommen.

Aus dem Bauch heraus: Warum auch Gefühle unser Handeln steuern

Alles also nur eine Frage des richtigen Gefühls? Im Grunde ja. Es ist eben nur eine Kunst, diese Empfindungen auch herbeizuführen. So lehrt die noch sehr junge Disziplin der Positiven Psychologie, dass wir zum Auftreten von Glücksgefühlen durchaus unseren Beitrag leisten können.

Gefühle sind subjektive Befindlichkeiten; im engeren Sinne zählen auch Emotionen dazu. Genau genommen müsste man zwischen beiden Begriffen unterscheiden, da unter Emotionen per definitionem spontane, unbewusste Regungen zu verstehen sind, während Gefühle bewusst wahrgenommen werden. Im Folgenden seien der Einfachheit halber beide Begriffe synonym gebraucht, da die erwähnte Bedeutungsdifferenz für unseren Zusammenhang als nicht relevant zu betrachten ist.

Wir kennen die vier Hauptemotionen Angst, Ärger, Freude und Trauer, die zusammen mit zahlreichen „Unteremotionen" das ganze Gefühlsspektrum abdecken. Die Evolution hat den Menschen ursprünglich mit diesen überlebenswichtigen Indikatoren ausgestattet, damit er auf lebensbedrohliche Situationen adäquat reagieren und sich in Sicherheit bringen konnte. Das hängt damit zusammen, dass das limbische System in unserem Gehirn – unser Gefühlszentrum– entwicklungsgeschichtlich viel älter ist als die Großhirnrinde, in der unser rationales Denken verwurzelt ist. Nehmen wir das Beispiel Angst: Ein Steinzeitjäger, der einem Mammut begegnete, wurde durch den Adrenalinausstoß so in

Alarmbereitschaft versetzt, dass er nicht lange nachdenken musste, um davonzulaufen. Sein Gehirn war bereit, die elektrischen Impulse sofort in Bewegungsimpulse umzusetzen.

Und noch heute steuern Emotionen zuweilen unser Verhalten: Sicherlich haben auch Sie schon einmal eine Entscheidung „aus dem Bauch heraus" gefällt – wenn es beispielsweise schnell gehen musste und keine Zeit für langwierige Erörterungen der Handlungsalternativen blieb oder wenn Ihnen der rationale Verstand nicht weiterhelfen konnte, weil Ihnen alle Optionen gleich gut oder gleich schlecht erschienen. Gerade im Beruf, so meinen viele, haben Gefühle nichts zu suchen. Nichtsdestotrotz steuern auch hier manchmal Gefühle unsere Entscheidungen – und sind meist die besseren Ratgeber.

Gefühle stabilisieren uns

Durchs Leben helfen uns sowohl positive als auch negative Gefühle: Angst zum Beispiel schützt uns mitunter vor Unternehmungen, bei denen wir zu viel riskieren würden. Freude hingegen empfinden wir, wenn wir uns etwas gelungen ist oder auch, wenn wir die Situation, in der wir vorher Angst empfunden haben, erfolgreich gemeistert haben. Positive Gefühle beruhigen uns also, sodass wir neue Kraft schöpfen, auf die wir sonst nicht zugreifen könnten. So gleichen sie das vegetative Nervensystem aus, das sich eben noch in hellem Aufruhr befand.

■ *Sinn der Emotionen war evolutionsbiologisch betrachtet nicht, den Menschen glücklich zu machen, sondern seine Existenz zu sichern.* ■

Stress: Eine Frage des Ausgleichs ...

Auch im Beruf spielt dieser Ausgleich eine wichtige Rolle: Würden wir dort nur negative Gefühle empfinden – Angst, Ärger, Wut – wären wir bald im wahrsten Sinne des Wortes ausgebrannt. Der ewige Ausnahmezustand, in dem sich der Organismus dann befindet, schwächt das Immunsystem und die körpereigenen Kräftespeicher. Und es ist nur eine Frage der Zeit, bis das Burnout oder der körperliche Zusammenbruch kommt. Deshalb ist es so wichtig, dass etwaige negative Gefühle durch positive ausgeglichen werden.

... und eine Frage der Einstellung

Anforderungen von außen bzw. eigene Zielvorstellungen können uns auch zu Höchstleistungen antreiben. Aufgaben mit Energie und Erfolgswillen anzugehen – selbst wenn oder gerade weil man unter Druck steht –, ist eine Herausforderung, die für viele positiv ist. Die Leistungsträger in Unternehmen etwa verfügen oft über diese Einstellung. Sportler erleben diese Situation täglich, vor allem in Wettkämpfen und Turnieren. Auf die Grenzen unserer körperlichen und psychischen Leistungsfähigkeit sollte dabei natürlich geachtet werden. Sonst häufen sich die negativen Gefühlserlebnisse, und der beschriebene Effekt, nämlich Stress, tritt ein.

Offenbar sind Gefühle also zu unserem Besten. Deshalb blenden emotional intelligente Menschen weder Gefühle noch die Ratio aus: Sie wissen, dass die Balance zwischen beiden Polen im Bereich komplexer Problemlösungen erhebliche Vorteile bringt. Wer sich über seine Gefühle klar ist, meistert viele Aufgaben besser.

Gefühle sind trainierbar

Die Natur hat uns ursprünglich mit Emotionen ausgestattet, um unser Überleben zu sichern. Doch heute leben wir unter ganz anderen Vorzeichen als in den frühen Tagen der Menschheitsgeschichte, unsere Existenz ist wesentlich komplexer geworden. Daher empfiehlt es sich, die eigenen Emotionen zwar bewusst wahrzunehmen, ihnen aber nicht mehr unbesehen zu folgen.

Negative Gefühle in den Griff bekommen

Die Mammuts sind längst ausgestorben, und wir schweben auch nicht mehr täglich in Lebensgefahr. Wir haben nun also mehr Spielraum zu überlegen, wie wir mit unseren Gefühlen umgehen sollen. Um dem eigenen Glück auf die Sprünge zu helfen, sind wir daher angehalten, unsere positiven Gefühle neu zu entdecken und mit den negativen einen differenzierten Umgang zu pflegen.

Beispiel

Bruno ist Kundenberater in einer Softwarefirma. Spricht er mit seinen Kunden unter vier Augen, ist alles in Ordnung. Soll er hingegen eine Präsentation vor einer größeren Runde halten, ist seine Ruhe dahin: Er hat schon Tage vorher Lampenfieber, schläft schlecht und bekommt morgens vor seinem Auftritt Schweißausbrüche. Wenn er dann vor seinem Publikum steht, spricht er viel zu schnell, verhaspelt sich oft, verliert den Faden und kann die Technik nicht mehr richtig bedienen. Irgendwann ringt er sich dazu durch, einen Coach aufzusuchen, um seine Schwierigkeiten in den Griff zu bekommen. Schließlich ist er soweit: Die nächste Kundenpräsentation steht bevor – und zumindest die Symptome im Vorfeld treten nicht mehr auf. Die anfänglich noch etwas unsichere Vortragsweise verbessert Bruno von Mal zu Mal. Er hat seine Angst überwunden.

Wir selbst sind es, die entscheiden, ob unsere Gefühle uns die Macht über unsere Entscheidungen rauben dürfen oder nicht: Denn wir können jederzeit bestimmen, auf welche Art und Weise wir reagieren wollen. Und wir sind frei, uns auch gegen unsere Gefühle zu entscheiden.

Später werden wir nochmals auf die Beherrschung von Gefühlen eingehen (S. 120 ff.). So viel sei hier aber schon einmal vorab gesagt: Wenn wir unsere Gefühle zu meistern lernen, schaffen wir eine notwendige Bedingung für Gewinn-Gewinn-Situationen mit anderen Menschen. Lassen wir vor allem unseren negativen Emotionen freien Lauf, verletzen wir jedoch nicht nur die Gefühle des anderen, sondern trüben auch unser eigenes Glück.

Ändern Sie den Blickwinkel

Beispiel

Eine Frau schenkt ihrem Ehemann einen Pullover in roter Farbe und einen in Schwarz. Erfreut zieht der Mann gleich den roten Pullover an. Daraufhin fragt sie ihn enttäuscht: „Und was ist mit dem schwarzen – gefällt er dir nicht?“

Dieses Beispiel zeigt, dass es ganz leicht ist, an einer positiven Sache, nämlich der Freude des Mannes über sein Geschenk, sofort eine negative Seite zu sehen. Erkennen Sie dieses Muster auch an sich selbst? Betrachten Sie die Dinge manchmal auch aus einem negativen Blickwinkel?

Glück ist eine Frage der inneren Haltung. Wir können die Wahrnehmung einer Situation also aktiv verbessern: Unser Gehirn besitzt die Fähigkeit zur Umprogrammierung, so lange wir leben. Früher ging man davon aus, dass sich die neuronalen Vernetzungen in der frühen Kindheit organisieren und dann ein Leben lang unverändert bestehen bleiben. Heute weiß man dagegen, dass auch im höheren Alter jederzeit neue Verknüpfungen vorgenommen werden können. So ist es ganz und gar nicht verlorene Liebesmüh, wenn 60-Jährige Klavier spielen lernen oder Sanskrit zu studieren beginnen. Sie brauchen nur ein wenig Geduld, denn die Reize müssen oft genug auftreten, damit die Vernetzung dauerhaft erfolgen kann. Auch hier lautet die Durchhalteparole: Übung macht den Meister.

Genauso funktioniert es, wenn Sie Ihr Gehirn auf Glück programmieren wollen: Sie müssen immer wieder Ihre innere Haltung korrigieren und auch Ihr Verhalten verändern. Nur durch ständiges Üben der positiven Gefühle wird es Ihnen gelingen, dem Glück näher zu kommen.

Was hindert Sie am Glücklichsein?

Ihr Glückspotenzial ist ausbaufähig! Die positiven Eigenschaften, Ziele und Vorstellungen, die glückliche Menschen auszeichnen, haben wir bereits dargestellt (siehe S. 19 ff.).

Werfen Sie nun einen Blick auf negative Vorstellungen von sich, von anderen und vom Leben schlechthin, die Sie davon abhalten könnten, glücklich zu werden. Denn auch dieser Blickwinkel bietet Ihnen Ansatzpunkte, um an sich zu arbeiten.

Gefühle wahrnehmen und ansprechen – aber nicht übertrieben äußern

Wenn Gefühle oberflächlich in Schach gehalten werden, brodelt es oft umso heftiger im Untergrund. Aus der Psychologie wissen wir heute, dass es sich verhängnisvoll auswirken kann, vor allem negative Gefühle wie Wut und Trauer zu verdrängen, um sich nicht damit auseinander setzen zu müssen.

Keine Frage: Wer zum Beispiel Ärger mit einem Kollegen hat, dem tut der Austausch mit einem Menschen, der ihm zuhört und von dem er sich verstanden fühlt, sicher gut. Und auch eine sachliche Aussprache nach einem Streit mit dem Kollegen oder mit dem Partner zu Hause ist eine vernünftige Sache. Doch auch hier kommt es wie so oft im Leben auf das richtige Maß und die Wahl der Mittel an. Vor allem im Beruf ist es wichtig, nach anfänglicher Emotionalität, die bei gegensätzlichen Interessen leicht überhand nimmt, zur Gelassenheit zurückzufinden und zur sachlichen Klärung überzugehen. Grundfalsch wäre es, sich in negative Gedanken hineinzusteigern und sie dann in eruptiven Gefühlsausbrüchen zu entladen. Denn Zornesausbrüche heizen die Wut nur an – und ändern nichts an den Ursachen.

Die Spirale negativer Gedanken durchbrechen

Unsere seelische Gestimmtheit hängt davon ab, wie wir unsere Lage bewerten – und nicht, wie die Lage wirklich ist. Glückliche Menschen sagen: „Das gefällt mir so nicht, das versuche ich zu ändern!" Unglückliche Menschen sagen: „Da kann man ja doch nichts machen!", und glauben fest daran. Und selbst das Gehirn solcher Menschen scheint buchstäblich zu erlahmen: Die Aktivitäten ihres linken Stirnlappens sind sehr gering – jenes Areals also, das für Motivation, Lust und positive Emotionen zuständig ist. Der Antrieb, die Energie fehlt ihnen, sie bekommen die negativen Gedanken nicht in den Griff.

Haben sich diese jedoch erst einmal verfestigt, so entwickeln sie ein Eigenleben. In einem Teufelskreis bringen negative Gedanken nur wieder negative Gedanken hervor und ziehen uns weiter hinunter in der Spirale abwärts: Unser Gehirn bemüht sich, die negative Grundausrichtung beizubehalten, und verarbeitet nur noch die Reize, die zu dieser Gefühlslage passen. Mit dem Ergebnis, dass wir überall nur noch Negatives wahrnehmen und uns auch selbst nicht gut fühlen.

Diesen Mechanismus gilt es zu durchbrechen. Wie Sie das machen, lesen Sie ab Seite 50.

Die Einschätzung künftigen Glücks verbessern

Stellen Sie sich vor, Ihr größter Wunsch – was es auch sei – ginge in Erfüllung. Malen Sie es sich ruhig in allen Einzelheiten aus. Und nun stellen Sie sich die Frage, ob Sie dann vollkommen glücklich wären.

Viele Menschen glauben zu wissen, wie sie auf bestimmte Ereignisse emotional reagieren werden – und irren sich gewaltig. Sie überschätzen die Intensität und Dauer von positiven wie auch negativen Gefühlen beim Eintreffen bestimmter Ereignisse. Einer Untersuchung der Universität Texas zufolge waren beispielsweise Wissenschaftler fünf Jahre nach ihrer Berufung zum Professor keineswegs glücklicher als die Kollegen, deren Bewerbung abgelehnt wurde – obwohl sich ein Traum für sie erfüllt hatte.

Für unsere Glücksfähigkeit ist vielmehr entscheidend, inwieweit wir eigene Gefühle zutreffend voraussagen können. Wir wählen nämlich stets die Handlungsalternative, von der wir glauben, sie mache uns glücklich: Gehe ich aus oder bleibe ich zu Hause, werde ich Abteilungsleiterin oder bekomme ich noch ein Kind? Analog dazu glauben die meisten Menschen, die Hürde zum Glück bestehe darin, nie das zu bekommen, was sie sich wünschen. Die Prognoseforschung zeigt aber etwas ganz anderes: Unser Problem ist, dass wir gar nicht wissen, was wir uns wünschen sollen, weil wir uns künftige Situationen falsch vorstellen.

■ *Nur wer weiß, was ihn glücklich macht, kann auch glücklich werden. Wer falsche Glücksvorstellungen in die Zukunft projiziert, wird nie glücklich sein: Kaum hat er sein Ziel erreicht, relativiert sich dessen Bedeutung wieder.* ■

Einschätzungen dieser Art werden stets von unserer momentanen Stimmungslage geprägt: *Empathy gap*, Einfühlungslücke, nennt man Fehlprognosen, die dadurch entstehen, dass wir diese aktuelle Gestimmtheit auf spätere Situationen übertragen.

Wir sollten also unsere eigenen Vorstellungen davon, was uns glücklich oder auch unglücklich macht, kritisch hinterfragen. Unser bester Ratgeber sind dabei andere Menschen: Wenn wir sie in allen Wechselfällen des Lebens aufmerksam beobachten, bekommen wir eine sehr gute Vorstellung davon, wie wir uns in ähnlichen Situationen zurechtfinden könnten.

Sie haben Ihr Glück in der Hand

Die gute Nachricht ist also: Wenn wir unser Glück selbst verhindern, können wir das auch selbst ändern. Haben Sie also den Mut, Ihr Glück zu definieren und darauf hinzuarbeiten!

Entscheiden Sie selbst

Sie erinnern sich – Optimismus kann man lernen. Überlegen Sie einmal: Können Sie den Dingen ihre guten Seiten abgewinnen oder springen Ihnen immer zuerst die negativen

Aspekte ins Auge? Denken Sie daran: Die *eine* Wirklichkeit gibt es nicht – Wirklichkeit ist vielmehr für uns das, was wir daraus machen. Denn wir selbst können sehr wohl darüber entscheiden, wie wir die Dinge, die uns begegnen und mit denen wir uns auseinander setzen müssen, werten und gewichten – mit anderen Worten: wie wir sie erleben und wie wir sie in unser Leben einordnen.

Glaubenssätze erkennen und dagegen angehen

Viele von uns haben ihre „Glücksfallen" schon von klein auf verinnerlicht: Glaubenssätze und Überzeugungen, die uns behindern und negativ polen. Unser Unterbewusstsein reagiert sehr sensibel darauf und nimmt sie für bare Münze, wenn wir sie ihm nur oft genug vorsagen. Diese einschränkenden Einflüsterungen prägen uns oft so nachhaltig, dass sie gar nicht in unser Bewusstsein vordringen; umso gründlicher sorgen sie dafür, dass wir uns um viele Freuden betrügen, uns schlecht fühlen und uns selbst im Weg stehen. Vielleicht kommt Ihnen der eine oder andere der folgenden Beispielsätze bekannt vor:

- „Ich habe kein Glück verdient."
- „Das ist nicht so einfach."
- „Wie kann man angesichts von so viel Leid und Not in dieser Welt glücklich sein?"
- „Es wäre egoistisch von mir, an mein eigenes Glück zu denken. Die anderen gehen vor."

- „Ich werde doch nur wieder enttäuscht, also will ich lieber erst gar nicht glücklich sein."
- „Glück ist sowieso vergänglich."

Sie werden es schon bemerkt haben: Solche Glaubenssätze ersticken positive Gedanken im Keim und verhindern angemessenes, zielorientiertes Handeln. Jeder ist frei, die eigene Programmierung zu ändern! Da hilft kein Jammern: Werden Sie aktiv.

Hilft Ablenkung?

Wir wissen, dass unser Gehirn ein flexibles Organ ist, das jederzeit neue neuronale Verknüpfungen bilden und alte Denkmuster überschreiben kann. Dazu allerdings braucht es Nahrung in Gestalt von Reizen, die natürlich nur wir ihm liefern können. So sind Beschäftigungen aller Art sinnvoll, um uns abzulenken. Wenn wir uns aktiv um unser Wohlbefinden kümmern, wird unser Gehirn gefordert und angeregt und hat wenig Zeit zu grübeln oder düsteren Gedanken nachzuhängen. Aufgaben, die wir ohne große Anstrengung meistern können, bescheren uns Erfolgserlebnisse und sorgen für die Befriedigung, etwas Sinnvolles getan zu haben. Damit aktivieren wir den Neuropsychologen zufolge den linken Stirnlappen, der uns prompt mit positiven Gefühlen belohnt.

Machen Sie eine Bestandsaufnahme

Doch Ablenkung ist nur eine Erste-Hilfe-Maßnahme und keine Dauerlösung. Nachdem Sie sich im ersten Kapitel Gedanken darüber gemacht haben, was Sie glücklich macht, nehmen Sie sich jetzt einen Augenblick Zeit, um darüber nachzudenken, was Sie unglücklich macht.

Übung

Eine Möglichkeit besteht darin, die negativen Gedanken ins Bewusstsein zu holen, zu objektivieren und dann zu relativieren. Am besten funktioniert das, wenn Sie eine Liste zu einem Lebensthema anlegen, das Sie gerade beschäftigt. Schreiben Sie auf, was Sie daran als positiv und was Sie als negativ empfinden.

Positiv	**Negativ**

Sie werden sehen: Schon das Niederschreiben der Gedanken hilft Ihnen dabei, sich von ihnen zu distanzieren. Denn was auf dem Papier steht, ist viel fassbarer und leichter nachprüfbar als die ungeordneten Gedanken im Kopf. Oft wird dabei auf wunderbare Weise die Positiv-Liste länger als die Negativ-Liste, sodass Sie womöglich zu der Einsicht gelangen, dass es besser um Sie steht, wie Sie die ganze Zeit dachten. Es kommt eben immer darauf an, die Dinge in eine gesunde Relation zu setzen und den Blick für das Positive im Leben zu schärfen.

Wir können unser Gehirn positiv umprogrammieren und düstere Glaubenssätze durch eine Einstellungsänderung variieren. Je konsequenter wir diese Strategie verfolgen, desto glücklicher können wir werden.

Polen Sie sich positiv

Wenn Sie sich also das nächste Mal bei destruktiven Denkmustern ertappen, halten Sie inne und stoppen Sie die dunklen Gedanken. Gewöhnen Sie sich an, negative Begriffe und Gefühle sofort, wenn sie auftauchen, in positive ummünzen. Dann hören sich die erwähnten Sätze nämlich mit einem Mal so an:

- „Ich habe ein Recht darauf, glücklich zu sein."
- „Das ist doch alles kein Hexenwerk."
- „Jeder ist seines Glückes Schmied."
- „Wenn ich glücklich bin, kann ich auch andere daran teilhaben lassen."
- „Jetzt ist die Reihe an mir. Ich bin bereit für meine Glückssträhne."
- „Glück ist das, was ich daraus mache, und es hält so lange an, wie ich etwas dafür tue."

Diese geistige Umpolung ist die Grundvoraussetzung dafür, dass Sie die Kontrolle über Ihre Gedanken zurückgewinnen.

Vom Glück mit anderen

Jeder von uns hat Verbindungen mit anderen Menschen, beruflich wie privat, die bei dem einen engmaschiger, bei dem anderen lockerer sind. Diese Beziehungen schenken uns Glück, geben uns Rückhalt und sind uns eine ständige Bereicherung. Was können wir tun, damit dies so bleibt?

Die Gemeinschaft – wie sie uns fordert und fördert

Auf den griechischen Philosophen Aristoteles geht das Diktum zurück, der Mensch sei ein *zoon politikon*, ein geselliges Wesen, dessen natürliche Veranlagung es stets die Gemeinschaft mit anderen suchen lässt. Daran hat sich bis heute nichts geändert.

Von Geburt an erleben wir Gemeinschaft als schützende, fördernde und fordernde Umwelt, die uns ein Gefühl der Sicherheit vermittelt und mit deren Hilfe wir uns weiter entwickeln: Ein Baby braucht die Nestwärme und die Anleitung durch die Familie, und auch im späteren Leben benötigt der Mensch andere, um sich zu entwickeln – selbst wenn es dann im Berufsleben häufig alles andere als liebevoll zugeht. Viele unserer Ziele können wir nur in der Gemeinschaft erreichen. Davon zeugt auch die große Bedeutung der Teamarbeit und natürlich der Teamfähigkeit im Berufsleben.

Deshalb ist es notwendig, vielfältige Beziehungen zu anderen Menschen aufzubauen, nicht nur zum Lebenspartner. Wir schätzen den Plausch mit den Kollegen, gesellige Abende unter Freunden, den Smalltalk mit dem Verkäufer oder die Umarmung eines Angehörigen gleichermaßen. All dies sind wichtige Voraussetzungen für seelische und körperliche Gesundheit.

Freunde fürs Leben

Wir sind also nicht zur Einsamkeit geboren. Dagegen erleichtern und verlängern Freunde das Leben und steigern das subjektiv erlebte Glück. Laut einer Studie der Universität Bielefeld sind sie sogar die „bessere Familie": Freiwillige gegenseitige Unterstützung erhöht demnach die Lebenserwartung nachhaltiger als der enge Kontakt zu Verwandten. Wer im Alter viele Freunde hat, könnte so seine durchschnittliche Lebenserwartung um bis zu 22 Prozent steigern. Investitionen in menschliche Beziehungen sorgen also für ein Plus auf dem Lebenszeitkonto. Den Ausschlag hierfür gibt die freie Wahl der Freunde: Wir suchen sie uns – im Gegensatz zur Familie – selbst aus und schätzen deshalb ihre Unterstützung mehr.

All you need is love

Noch unmittelbarer als Freundschaft wirkt sich unsere Partnerschaft auf unsere Lebenserwartung und Lebensqualität aus. Der Singlekultur zum Trotz tragen haltbare Liebesbeziehungen anscheinend mehr Stabilität, Zufriedenheit und Sicherheit in unser Leben als ein großer Freundeskreis und gelegentliche One-Night-Stands.

In der westlichen Welt ist sind wir davon überzeugt, dass Liebe eine unabdingbare Voraussetzung für das Glück in der Partnerschaft sei. Allerdings tun wir oft nur wenig für dieses Glück: Wir gehen ganz selbstverständlich davon aus, dass der Partner uns glücklich machen muss – und nicht wir den Partner. Falls diese Forderung nicht erfüllt wird, heißt es schnell: Der Nächste, bitte! Dabei ist die Liebe nur zu erhalten durch gegenseitigen Respekt, Toleranz, Humor und Vertrauen. Es gilt vor allem, sich für das zu interessieren, was den anderen bewegt, Erfahrungen zu teilen, Gemeinsamkeiten zu pflegen, Unterschiede zu tolerieren – und stets im Dialog zu bleiben.

■ *Auch das Glück in der Liebe will immer wieder neu verdient sein, damit es uns auf Dauer erhalten bleibt.* ■

Nach einer Untersuchung der Universität Zürich sind Frischverheiratete glücklicher als Singles: Besonders die Monate vor der Heirat und das erste Ehejahr zählen zu den Hoch-Zeiten im Leben eines Menschen. Danach fällt allerdings die Glückskurve ab. Erst wenn sich eine Ehe als tragfähig erwiesen und ein paar Jahre überdauert hat, steigt die Kurve wieder an: ein schlagender Beweis also für Durchhaltevermögen und Standfestigkeit.

Paare, die allerdings im Beziehungsstress festgefahren sind und sich gegenseitig das Leben schwer machen, betrügen sich um ihr Glück. Nicht genug damit, dass sie permanent Stresshormone ausschütten, ihr Immunsystem und ihre Gesundheit schwächen – sie leiden unter dem Joch des Zusammenlebens und sind sogar unglücklicher als unfreiwillige Singles. Oft bringt nur ein Abbruch der Beziehung die ersehnte Befreiung.

Warum Netzwerke und Vitamin B wichtig sind

Doch nicht nur im Privatleben sind positive Beziehungen wichtige Meilensteine auf dem Weg ins Glück: Auch im beruflichen Bereich zählt – neben unserer professionellen Leistung –, wie wir uns in ein Beziehungsnetz einbringen.

Berater und Trainer empfehlen, ein Netzwerk an geschäftlichen Freunden aufzubauen. Solche Netzwerke erfordern viel Zeit, emotionales Engagement und Vorleistung und sollten in guten Zeiten aufgebaut werden. Wenn Sie sich erst dann engagieren, wenn es Ihnen schlecht geht, werden Sie keine Hilfe finden. Deshalb ist Beziehungspflege das A und O des Netzwerkgedankens.

Nehmen Sie sich ein paar Minuten Zeit und überlegen Sie:

- Welche Netzwerke pflegen Sie?
- Welche Aktivitäten sind mit welchem Netzwerk geplant?
- Haben Sie in letzter Zeit die Anbindung an eines Ihrer Netzwerke verloren? Warum?
- Was können Sie tun, um Ihre Kontakte zu halten und zu erneuern?
- Fangen Sie gleich morgen damit an!

Die Medien suggerieren, dass dem Tüchtigen und Erfolgreichen das Glück hold ist. Wenn wir uns nur ausreichend bemühen, so verspricht man uns, würden sich beruflicher Erfolg, soziale Anerkennung und private Erfüllung schon einstellen. Allerdings gehen solche Patentrezepte nicht immer auf: Stattdessen sehen wir in den Unternehmen Menschen, die bis zur Erschöpfung Überstunden leisten und dennoch keine Karriere machen. Fachkenntnis allein ist eben keine Fahrkarte nach oben mehr. Vielmehr gehören heute Kontaktfähigkeit und Charme zu den Grundqualifikation in all jenen Bereichen, in denen es um den „Verkauf der Person" geht. Deshalb sollten wir uns in unseren Büros nicht hinter der Arbeit verschanzen, sondern proaktiv nach draußen gehen und Kontakte knüpfen.

Die Kunst des Smalltalks

Beispiel

Gunther ist neu in der Firma und kennt außer den Mitarbeitern in seiner Abteilung noch niemanden. Da kommt ihm das alljährliche Sommerfest wie gerufen. Er steht nicht lange bei seinen Kollegen herum, sondern geht lächelnd auf Fremde zu und stellt sich als neuer Firmenmitarbeiter vor. Klugerweise vermeidet er es jedoch, weiter über die Arbeit zu reden oder sich selbst in den Vordergrund zu stellen, und tastet sich im Gespräch stattdessen zu Themen vor, für die sich sein Gegenüber interessieren könnte. Am Ende des Abends hat er einen rundum guten Eindruck hinterlassen und einige Visitenkarten in der Tasche.

Die Kunst des Smalltalks zu beherrschen, ist Voraussetzung für das Knüpfen von Netzwerkkontakten oder auch privaten Freundschaften. Es ergibt sich immer eine Möglichkeit, zu üben und dabei andere Menschen kennen zu lernen. Sie müssen nur die vielfältigen Chancen des Alltags nutzen und mit Umsicht und Einfühlungsvermögen zu Werke gehen.

Geeignete Themen

Wählen Sie bei der ersten Begegnung neutrale Themen, die den anderen keinesfalls negativ berühren können. Schließlich kennen Sie ihn und seine Vorlieben oder Abneigungen ja noch nicht. Zu vermeiden sind also abfällige Äußerungen über gemeinsame Bekannte oder das Umfeld: „Herr Soundso ist ja sehr tüchtig, aber mit seinen Krawatten liegt er regelmäßig daneben." – „Gratulation zur gelungenen Renovierung Ihrer Firma! Jetzt braucht sie eigentlich nur noch einen neuen Anstrich."

Klassische Fehltritte im Smalltalk sind auch Gespräche über Krankheiten, Politik sowie Witze über das andere Geschlecht oder Minderheiten. Viel besser fahren Sie dagegen mit dem Wetter und Fragen nach dem letzten oder dem geplanten Urlaub oder Hobbys. Denn diese Themen sind gar nicht so oberflächlich, wie sie scheinen: Sie werden Ihnen helfen, den Gesprächspartner besser kennen zu lernen und ein Thema zu finden, über das Sie beide sich etwas zu sagen haben.

Wie Sie das Gespräch beginnen

Wichtiges Hilfsmittel dabei ist die richtige Fragestellung. Gesprächseröffnungen wie „Ach, Sie sind ja auch hier?" gehören in die Mottenkiste der Einfallslosigkeit und ersticken jede Unterhaltung im Keim. Auf solche geschlossenen Fragen kann man nur mit Ja oder Nein antworten – das Gegenüber bekommt also gar nicht die Möglichkeit, etwas von sich preiszugeben. Stellen Sie lieber offene Fragen, die mit einem Fragewort beginnen: Hier spürt der andere ehrliches Interesse an seiner Person und fühlt sich aufgefordert, von sich zu erzählen.

▪ *Offene Fragen oder W-Fragen (Wer? Was? Wie? Warum?) sind dazu geeignet, mit dem Gegenüber ins Gespräch zu kommen..* ▪

Falls das Gespräch trotz all Ihrer Bemühungen partout nicht in Gang kommen will, können Sie sich immer noch elegant mit der Bemerkung zurückziehen, Sie müssten nun auch noch Herrn XY oder Frau Z Ihre Aufwartung machen. Sind dagegen alle Anfangshürden erfolgreich genommen und ist das Interesse Ihres Gesprächspartners geweckt, kann mehr daraus werden: eine persönliche Freundschaft oder ein guter geschäftlicher Kontakt. Und Sie werden das Glück empfinden, beliebt zu sein und geschätzt zu werden.

Bewerten Sie Ihre Bezugspersonen

Oftmals führen veränderte Lebensbedingungen im Beruf und auch im Privaten dazu, dass wir unsere Beziehungen zu unserem Umfeld überdenken müssen: Nach einem Umzug stellt sich heraus, welche Freunde weiterhin Kontakt halten. Wenn die Führungskraft den Job und damit Statussymbole und gute Beziehungen verliert, wird sie plötzlich nicht mehr zu gesellschaftlichen Anlässen eingeladen und von einstigen Geschäftsfreunden gemieden. Auf der anderen Seite erhält man zuweilen entscheidende Impulse von Menschen, von denen man es nie erwartet hätte.

Übung

Erstellen Sie eine Liste Ihrer beruflichen und/oder privaten Bezugspersonen. Welche Beziehungen bewerten Sie als positiv und welche als negativ?

Bezugsperson	positiv	negativ

Wie können Sie die negativen Beziehungen positiv(er) gestalten? Wo das nicht mehr möglich ist, sollten Sie vielleicht über einen Abbruch der Beziehung mit all seinen Konsequenzen nachdenken.

Wir alle sind angewiesen auf das Miteinander mit anderen Menschen: Freunde und Angehörige, Kollegen und Geschäftspartner haben großen Einfluss auf unser Lebensglück. Daher ist es sinnvoll, von Zeit zu Zeit eine Bestandsaufnahme unserer privaten wie beruflichen Beziehungen zu machen und Konsequenzen daraus zu ziehen.

Boshaftigkeit und Neid: Gut für die Gemeinschaft?

Bei der Bewertung Ihrer Bezugspersonen ist Ihnen vielleicht der eine oder andere Zeitgenosse aus dem Familienkreis oder dem beruflichen Umfeld untergekommen, den Sie für boshaft und neidisch halten und mit dem Sie deshalb nur im äußersten Notfall Umgang pflegen. Von Bosheit sprechen wir dann, wenn einer dem anderen schadet, nur um ihn leiden zu sehen. Manch einer unserer Mitmenschen geht sogar so weit, dafür eigene Nachteile in Kauf zu nehmen.

Der Motor hinter boshaftem Verhalten ist allzu oft der Neid: Man missgönnt dem anderen das, was dieser hat und was man zu gern selbst hätte – zum Beispiel Besitz, Liebe, Erfolg, Status.

Neid: Ein weit verbreitetes Gefühl

Neid ist ein starkes Gefühl und offenbar weit verbreitet. Einer Umfrage von Ökonomen zufolge würden nicht wenige von uns auf 20 000 Euro Jahresgehalt verzichten, solange sie mehr verdienen als ihre Kollegen. Im Klartext: Lieber begnügen sie sich mit 50 000 Euro, wenn die anderen nur 40 000 bekommen, als 70 000 Euro einzustreichen, wenn der Rest 80 000 erhält.

Dabei passen Neider und Intriganten scheinbar gar nicht in unsere auf Kooperation aufbauende Wirtschaftswelt, in der jeder das Seine zum Gelingen beitragen muss – ob nun Autos oder Wolkenkratzer gebaut oder IT-Lösungen entwickelt werden. Man schätzt, dass nur etwa 15 Prozent der Menschen egozentrische Vorteilnehmer sind. Doch diese Wenigen scheinen sehr effizient zu Werke zu gehen: Lässt man sie nämlich – beispielsweise in einer Firma – gewähren, so vergiften sie das Klima und blockieren die Zusammenarbeit.

Boshaftigkeit dient dem Fairplay

Dass aber Boshaftigkeit und Neid für unser Leben in der Gemeinschaft letztlich positive Bedeutung haben können, zeigt folgendes Beispiel.

Beispiel

Das so genannte Ultimatumspiel geht folgendermaßen: Man überlässt einer Versuchsperson 100 Euro und vereinbart die Spielregel, dass diese einen Teil an einen Partner abgeben muss. Macht die erste Versuchsperson ein Angebot und akzeptiert der Partner dieses, darf jeder seinen Anteil behalten. Lehnt der Partner aber ab, sind die 100 Euro verloren und gehören wieder der Bank.

In langen Versuchsreihen hat man herausgefunden, dass selbst ein Angebot von 25 Euro aus purer Bosheit abgelehnt wird. Dahinter stehen beim Partner, der das Angebot bekommen hat, wohl Gedanken wie: Wenn nicht genug für mich abfällt, soll auch der andere nichts bekommen. Die meisten lehnen die 25 Euro auch dann ab, wenn sie genau wissen, dass dies die letzte Spielrunde ist. Ohne selbst finanziell zu profitieren, bestrafen sie den Geizhals. Wurde das Ultimatumspiel jedoch wiederholt, erhöhten die ersten Versuchspersonen ihr Angebot um durchschnittlich sieben Euro mehr im Vergleich zum ersten Mal.

Dieses Beispiel macht deutlich: Der Sinn der Boshaftigkeit scheint es paradoxerweise zu sein, das Umfeld zur Fairness zu erziehen. Im gesellschaftlichen Zusammenhang gesprochen heißt das: Nur wenn unfaires Verhalten sanktioniert wird, kann die Ordnung in der Familie, in Organisationen und Firmen sowie im Land funktionieren.

Für uns persönlich heißt es jedoch: Wir können uns für oder gegen Boshaftigkeit und Neid entscheiden. Falls wir diese Gefühle ausleben, müssen wir rechnen, dass wir uns selbst damit stärker belasten, als uns lieb ist. Neid und Missgunst trüben das eigene Glücksgefühl!

Glück bei der Arbeit – Glück in der Freizeit

Erfolg im Beruf erfüllt uns, spornt uns an – und zahlt sich in barer Münze aus. Wenn neben der beruflichen Herausforderung auch ein bereicherndes Privatleben besteht, sind wir bereit für das Glück.

Das Paradox der Arbeit

In Deutschland ist eine ambivalente Einstellung zur Arbeit zu beobachten: Angesichts der Reformbedürftigkeit der Sozial- und Gesundheitssysteme und der hohen Arbeitslosenzahlen wünschen sich viele von uns nichts sehnlicher, als ihren Arbeitsplatz zu behalten oder einen Job zu finden. Während des Arbeitens jedoch gilt ihre ganze Sehnsucht der Freizeit, und sie sitzen jeden einzelnen Werktag ab, um möglichst früh Feierabend machen zu können – wiederum neidvoll beäugt von so manchem Arbeitslosen, der genug Freizeit hätte, aber nichts Sinnvolles damit anzufangen weiß.

Keine Frage – Arbeit nimmt einen großen Stellenwert in unserem Leben ein: Immerhin verbringen wir ein Drittel unserer Lebenszeit damit und verwenden sehr viel Energie darauf. Vielen beschert ihr Tagwerk Befriedigung und intensive Erfahrungen, doch scheinen wir das nicht schätzen zu können: Wider besseres Wissen hält sich in unseren Köpfen hartnäckig die Überzeugung, dass wir nur in der Freizeit in der Lage seien, Glück zu erleben. Deshalb äußern die meisten Menschen den Wunsch nach weniger Arbeit und mehr Freizeit. Und so hat es den Anschein, als ließen wir uns in unserem Urteil über Arbeit nicht so sehr von unseren eigenen Erfahrungen leiten, als vielmehr von allgemeinen Vorurteilen.

Was ist Flow?

Wie wir zur Arbeit stehen, hängt unmittelbar damit zusammen, als wie sinnstiftend und erfüllend wir sie erleben. Oder anders formuliert: ob wir in ihr aufgehen oder nicht.

Alles im Fluss

Dieses Aufgehen in der Arbeit oder einer anderen Tätigkeit hat der ungarischstämmige Psychologieprofessor und Glücksforscher Mihaly Csikszentmihalyi „Flow" (Fließen) genannt – und damit der Schimäre Arbeit ganz offiziell einiges von ihrem Schrecken genommen. Wenn wir im Flow sind, befinden sich unser Fühlen, Wollen und Denken im Einklang; die Zeit vergeht wie im Fluge, und unsere eigene Person tritt hinter die Tätigkeit zurück, die scheinbar mühelos vonstatten geht.

Das lustbetonte Prinzip des Flows ist nicht nur auf Arbeitszusammenhänge beschränkt, sondern kann sich auch in der Freizeit und bei der Ausübung von Hobbys einstellen. Wir sprechen von Flow, wenn folgende Merkmale erfüllt sind (wobei nicht alle gleichzeitig vorhanden sein müssen):

- *Wir sind der Aktivität gewachsen:* Wir sind in der Lage und qualifiziert, die Herausforderung, die uns gestellt ist, anzunehmen.
- *Wir sind fähig, uns auf unser Tun zu konzentrieren:* Nichts kann uns ablenken, Sorgen und Probleme sind ausgeblendet.

- *Die Aktivität hat deutliche Ziele:* Wir wissen genau, was wir tun müssen, um das gesteckte Ziel zu erreichen.
- *Die Aktivität hat unmittelbare Rückmeldung:* Wir erfahren oder wissen, wenn wir etwas falsch oder nicht gut gemacht haben.
- *Wir haben das Gefühl von Kontrolle über unsere Aktivität:* Eben das Gefühl ist entscheidend – und nicht, ob es auch tatsächlich zutrifft.
- *Unsere Sorgen um uns selbst verschwinden:* Wir gehen im gegenwärtigen Moment auf und machen uns keine Gedanken um uns selbst.
- *Unser Gefühl für Zeitabläufe ist verändert:* Wir haben das Gefühl, dass die Zeit verfliegt.
- *Die Tätigkeit hat ihre Zielsetzung bei sich selbst* (sie ist autotelisch): Sie ist für uns zum Selbstzweck geworden.

Der Flow ist dann am effektivsten, wenn sich die Anforderungen der Tätigkeit und unsere Fähigkeiten die Balance halten. Denn ein solchermaßen ausgewogener Flow macht vor allem eines – glücklich.

■ *Flow ist weder den Überfliegern unter uns noch anspruchsvollen Tätigkeiten vorbehalten. Wir alle können bei allen möglichen Aktivitäten Flow erleben – vorausgesetzt, wir gehen in unserem Tun auf und vergessen darüber alles andere.* ■

Flow und Glück

Es scheint vor allem die Intensität des Flow-Erlebnisses zu sein, die uns so gut tut – und unsere Arbeit so gut macht. Csikszentmihalyi fand heraus, dass sich diese Momente höchster Konzentration bei allen Berufsgruppen – seien es nun Akademiker oder Arbeiter – ähneln und unabhängig von der tatsächlichen Tätigkeit sind. Seine Feldforschungen machten außerdem deutlich, dass wir in der Regel unsere Freizeit verklären: Demnach erleben wir Flow viel öfter bei intensiven beruflichen Tätigkeiten als bei der Ausübung unserer Hobbys, im Kreise von Freunden und Familienangehörigen oder bei anderen Freizeitaktivitäten. Verallgemeinernd lässt sich also sagen: Wer seinen Beruf liebt, wird leichter in den Sog des Flows geraten als andere.

Beispiel

Es ist bereits weit nach Mitternacht, aber Irene kann nicht aufhören zu schreiben. Endlich ist der Knoten geplatzt, endlich hat sie einen Anfang für ihren Roman gefunden. Mit Feuereifer ist sie bei der Arbeit und vergisst alles um sich herum. Erst als ihr fast die Augen zufallen und es draußen schon dämmert, kommt sie wieder zu sich. Müde, aber glücklich und zufrieden lässt sie es für heute gut sein und schaltet den Laptop aus.

Erleben wir Flow, dann sind wir übrigens nicht notwendigerweise *während* der Tätigkeit glücklich: Wenn unser Vortrag gut gelaufen ist, erleben wir erst im Nachhinein Glücksgefühle. Würden wir uns während des Vortrags darüber Gedanken machen, so würde unsere Konzentration leiden – und der Flow wäre dahin.

Flow oder Arbeitssucht: Aufgehen oder Aufarbeiten?

Nicht zu verwechseln mit Flow ist übrigens die Arbeitssucht, die mittlerweile nicht nur in Japan zum weit verbreiteten Phänomen geworden ist, sondern allmählich auch bei uns immer häufiger vorkommt. Der Begriff Workaholic wird für das Krankheitsbild eines arbeitssüchtigen Menschen verwendet. Es zeichnet sich durch überdurchschnittlichen Arbeitseinsatz aus, der aber mehr und mehr zu krankhaftem Suchtverhalten führt.

Private Interessen und Pflichten werden zunehmend vernachlässigt. Der Süchtige beginnt nach Ausflüchten für seinen übertriebenen Arbeitseinsatz zu suchen. Alle privaten Bereiche werden der Arbeit untergeordnet. Er belastet sich mit allem, was es zu tun gibt, und hält sich in seinem Perfektionswahn stets für die ideale Person für alle Aufgaben. Irgendwann hat dann das Privatleben keine Bedeutung mehr. Die Folge sind Krankheit und ein Absinken der Leistungsfähigkeit; in extremen Fällen können die Betroffenen infolge der Überarbeitung sogar an Herzversagen oder einem Schlaganfall sterben (in Japan mittlerweile stark verbreitet und als Karoshi, Tod durch Überarbeitung, bekannt). Arbeitssucht tritt in unseren Breiten meist bei Menschen in Führungspositionen auf. Angestellte oder Arbeiter mit festen Dienstzeiten sind nicht betroffen.

Dennoch: Einen Beruf auszuüben, für den man viel Zeit aufwendet und in dem man sich stark engagiert, heißt nicht automatisch, arbeitssüchtig zu sein. Es gibt viele Menschen, die sich beruflich intensiv einsetzen und trotzdem nicht süchtig sind oder gar negative körperliche Konsequenzen davontragen. Oft sind das Personen, die ihren Beruf als Berufung ansehen.

Exkurs: Was Flow mit Führung zu tun hat

Wir fühlen uns am wohlsten, wenn wir in der Bewältigung einer schwierigen Aufgabe aufgehen, ein Problem lösen, Neues erschaffen. Doch wie unterschiedlich die Tätigkeiten auch sind, die uns in Flow versetzen, sie alle erfüllen drei Kriterien:

- Sie sind auf eindeutige Ziele ausgerichtet.
- Sie folgen klaren Regeln.
- Wir bekommen sofort eine Rückmeldung auf unsere Leistung.

Interessanterweise sind diese drei Kriterien auch gegeben, wenn wir auf eine gelungene Führung in Unternehmen blicken: In Mitarbeitergesprächen vereinbaren Führungskraft und Mitarbeiter eindeutige Ziele, die von den strategischen und übergeordneten Zielen abgeleitet sind. Ferner werden klare Regeln und Absprachen getroffen, um Kompetenzen voneinander abzugrenzen. Falls es Zielabweichungen, Kompetenzgerangel oder andere Störungen im Prozessablauf gibt, sind sofortige Rückmeldungen notwendig, um rasch reagieren und Kurskorrekturen in die Wege leiten zu können.

Aber: Wenn das so einfach und klar zu beschreiben ist, warum misslingt Führung dann so oft? Die Umsetzung der oben genannten Vorgaben hat sehr viel mit offener und direkter Kommunikation zu tun – ein wichtiger Bereich, der gern unterschätzt wird. Oft versäumen es Führungskräfte nämlich, rechtzeitig Rückmeldungen zu geben, wenn sich ein von den Zielvorgaben abweichendes Arbeitsverhalten der Mitarbeiter abzeichnet. Außerdem tun sie sich meist schwer, ihren Mitarbeitern zu vermitteln, welche Ziele und Visionen sich das Unternehmen gesteckt hat und auf welchem Wege man diese erreichen will. Die Mitarbeiter fühlen sich so zu Handlangern degradiert, die in die größeren Zusammenhänge einzuweihen man für unnötig erachtet, und verlieren verständlicherweise die Motivation, am großen Ganzen mit voller Kraft und eigenen Ideen mitzuwirken. Flow kann sich so sicher nicht einstellen.

Macht Freizeit glücklich?

Eine wirksame Maßnahme, um seinem Lebensglück näher zu kommen, ist sicherlich, sich ein erfüllendes Privatleben aufzubauen. Fragen Sie einmal Ihre Kollegen, Ihre Freunde oder auch Fremde auf der Straße nach ihren Wünschen, und Sie werden meistens dieselbe Antwort zu hören bekommen: Weniger Arbeit und mehr Freizeit ist die Devise. Man möchte sich endlich entspannen und einfach nichts zu tun haben; Arbeit als notwendiges Übel und verschwendete Lebenszeit zu betrachten gehört offenbar zum guten Ton. Dahinter steht die Überzeugung, jeder von uns sei dazu in der Lage, seine arbeitsfreie Zeit zu genießen.

Doch das ist ein Irrtum – denn Freizeit steigert die Lebensqualität nur dann, wenn man sie nutzbringend anwendet. Mihaly Csikszentmihalyis Forschungsergebnisse zeigen allerdings deutlich, dass die meisten von uns mit ihrer Freizeit nicht besonders viel anzufangen wissen.

Beispiel

Thomas ist Arzt an einem Krankenhaus und freut sich auf das erste dienstfreie Wochenende seit einem Monat. Er hat nichts Besonderes vor und lässt sich durch die freien Tage treiben. Schon am Samstagnachmittag wird ihm allerdings langweilig; trotzdem kann er sich zu nichts aufraffen. Er hat ja auch schwer gearbeitet und sich die Entspannung verdient. So verbringt er das ganze Wochenende auf dem Sofa und kehrt am Montagmorgen irgendwie unzufrieden in die Klinik zurück. Seine letzten beiden Tage waren zwar erholsam, aber leer und ohne Höhepunkte. Von Erfüllung keine Spur.

Die Voraussetzungen für den Flow sind nur dann gegeben, wenn wir unsere Freizeit nutzen, um Sport zu treiben, uns künstlerisch zu betätigen oder einem Hobby nachzugehen. Einfach nur frei zu haben, ohne sich einer bestimmten Aufgabe zu widmen, führt zu Lustlosigkeit und Apathie.

Den „inneren Schweinehund" überwinden

Erwachsene wie Jugendliche verbringen ihre freien Stunden viermal häufiger passiv vor dem Fernseher als mit aktiven Tätigkeiten wie Hobbys oder Sport. Dafür gibt es eine sehr simple Erklärung: Bevor eine flowerzeugende Situation entstehen kann, ist eine Anstrengung und ein gewisser Input nötig. Um beispielsweise Flow beim Posaunespielen zu empfinden, müssen erst Noten gelernt, Blastechniken geübt sowie die Finger und Lippen gezielt eingesetzt werden. Um uns ins Runner's High zu joggen, müssen wir uns aufraffen, umziehen und in den Regen traben. Bringen wir indes nicht die Kraft und die Disziplin auf, unseren „inneren Schweinehund" niederzuringen, so wenden wir uns Aktivitäten zu, die leichter durchzuführen sind und keines großen Energieaufwands bedürfen, wie etwa Surfen im Internet oder eben Fernsehen – und das, obwohl sie uns viel weniger intensive Gefühle bescheren.

▪ *Auch die Freizeit will sinnvoll genutzt sein, sonst geht ihr entspannender Nutzen verloren und leere Energiespeicher können nicht wieder aufgetankt werden.* ▪

Natürlich ist es durchaus in Ordnung, ab und an einen Fernsehabend einzulegen, auf dem Sofa abzuhängen oder einfach gar nichts zu tun. Die Dosis macht auch hier das Gift. Wer allerdings seine gesamte Freizeit damit verbringt, wird nicht viel Freude daran haben: Passivität kann uns in die Apathie und sogar in die Depression führen – ganz abgesehen davon, dass uns passives Verhalten einsam macht.

Übung: 1. Teil

Machen Sie eine Bestandsaufnahme: Notieren Sie die Beschäftigungen, mit denen Sie häufiger Ihre Freizeit verbringen, und bewerten Sie diese mit „positiv" (im Sinne von aktiv, bereichernd) oder „negativ" (im Sinne von passiv, sinnentleert). Seien Sie ehrlich zu sich selbst!

Freizeitaktivität	Positiv	Negativ

Was also tun? Verknüpfen Sie Arbeit und Freizeit, indem Sie Ihre Beschäftigungen in beiden Bereichen so abwechslungsreich wie möglich gestalten und sich neue Felder erschließen, die „flowkompatibel" sind. Es gibt so viele interessante Dinge auf der Welt zu entdecken.

2. Teil
Überlegen Sie nun, was Sie schon immer einmal in Ihrer Freizeit tun wollten. Schreiben Sie es auf und denken Sie darüber nach, wer oder was Sie davon abhält, es endlich in die Tat umzusetzen.

Was ich schon immer in meiner Freizeit tun wollte:

Dem Multitasking Einhalt gebieten

Noch nie war eine Zeit so schnelllebig wie die unsere. Grenzen und Superlative sind nur noch dazu da, um überschritten und getoppt zu werden: Schneller, höher, weiter heißt die

Parole, in immer aberwitzigerem Tempo dreht sich das Karussell – und ganz nebenbei wollen wir alle auch noch glücklich werden. Wie soll sich da Flow einstellen? Oder anders: Was können wir tun, um diesen Berufsalltag lebendiger und erfüllender zu gestalten?

Die Non-Stop-Gesellschaft

Der Pädagogikprofessor Karlheinz A. Geißler zeichnet in seinen Büchern das Porträt des modernen „simultanen Menschen", der stets mehrere Dinge gleichzeitig tut – zum Beispiel Auto fahren und telefonieren, Musik hören und mit dem Beifahrer sprechen. Wenn diese Simultanen etwas tun, dann sind sie gedanklich eigentlich gar nicht bei der Sache, sondern schon wieder bei dem, was sie als Nächstes und Übernächstes tun wollen. Sie leben immer auf der Überholspur, verdichten durch Vergleichzeitigung vielfältige Aktivitäten und verzichten auf Pausen und Entspannung. So suchen sie rastlos das Glück. Meistens allerdings vergeblich – aber sie hätten ja auch gar keine Zeit, es zu genießen.

Runaway World

In diesem Zusammenhang wurde der Begriff der „Runaway World" geprägt. In ihr werden Pausen eingespart, zu Mittag essen kann man ebenso gut zwischendurch am Schreibtisch – Fastfood natürlich, denn auch das spart Zeit. Stechuhren werden abgeschafft und durch Vertrauensarbeitszeit ersetzt, die in der Regel dazu führt, dass die Mitarbeiter länger arbeiten als früher, als noch die Gleitzeit galt. Die Zeit hat ihren Ort und der Ort seine Zeit verloren. Rund um die Uhr kann gearbeitet werden, und das in (fast) jedem Winkel der Erde.

Das Leben nach der Uhr und das Diktat unserer Organizer und Kalender wecken berechtigte Zweifel, ob all dies zur Verbesserung unseres Lebens führt. Eingesperrt in schmale Zeitfenster, fühlen wir uns unserer Souveränität beraubt, uns um Chancen und intensive Erlebnisse betrogen. Die Frage stellt sich, ob wir durch diese atemberaubende Gleichzeitigkeit Glückseligkeit gewinnen oder sie nicht doch eher verlieren. Zeit wollen wir sparen: Doch was fangen wir an mit ihr? Auf welchem Konto liegt sie, und wann lässt sie sich abrufen? Und kann man in Eile versäumte Augenblicke überhaupt jemals nachholen?

Übung

Nehmen Sie sich Ihren Organizer oder Kalender vor und sehen Sie die Termine dieser Woche durch – private wie berufliche. Und nun fragen Sie sich: Muss(te) ich da wirklich überall hin? War meine Anwesenheit beim Freitagsmeeting tatsächlich notwendig oder hätte ich die Zeit nicht sinnvoller am Schreibtisch nutzen können, um das längst fällige Konzept konzentriert auszuarbeiten? Was bringt es mir, wenn ich jeden Abend nach dem Büro noch unterwegs bin und todmüde ins Bett falle, ohne auch nur eine halbe Stunde für mich selbst gehabt zu haben?

Und nun werfen Sie einen Blick in die nächste Woche: Können Sie hier vielleicht schon im Vorhinein überflüssige Termine einsparen? Eine Konferenz absagen, bei der Sie nur Zuhörer sind, und später das Protokoll lesen? Den Besuch beim Zahnarzt, bei dem Sie ohnehin immer warten müssen, ans Ende des Arbeitstages legen und sich ein schönes Buch als Lektüre mitnehmen? Gewöhnen Sie sich an, Termine und Verabredungen kritischer zu hinterfragen und weiße Löcher in Ihren Wochenplan einzubauen, zu denen Sie Zeit für sich haben. Schärfen Sie Ihr Zeitbewusstsein. All dies ist Ihre Lebenszeit, und Sie sollten verantwortlich damit umgehen.

Verfügbarkeit rund um die Uhr

Die Trennung von Privat- und Arbeitsleben ist längst aufgehoben: Geschäfte werden rund um die Uhr im Wohnzimmer gemacht, dem Internet sei Dank. Die Arbeit kommt elektronisch aus dem Büro, sodass auch vom Krankenbett aus gearbeitet werden kann. In den USA lesen 23 Prozent der Internet-User ihre geschäftlichen Mails zu Hause, 42 Prozent sogar im Urlaub. Manch einer führt das komplette Büro im Laptop mit sich und tätigt Aktienkäufe an den einsamsten Flecken der Erde.

Beispiel

Maria ist Führungskraft in einem international agierenden Unternehmen und hat ständig das Gefühl, dass sie in keinem ihrer Projekte schnell genug vorankommt. Wenn das Telefon nicht klingelt, geht eine Mail ein, die sofort bearbeitet werden will, oder das Handy verschafft sich Gehör. Maria kann sich bei der Arbeit selten länger auf eine Aufgabe konzentrieren und wird immer unzufriedener mit sich und ihrer Arbeit.

Laut einer Studie der US-amerikanischen Beratungsfirma Basex kostet dieses Hin und Her zwischen Handy, Telefon und Blackberry (ein kleiner Computer, der ständig Mails bereithält und eine Adress-, Aufgaben- und Kalenderverwaltung hat) viel Geld. Der durchschnittliche Büroangestellte verschwendet 2,1 Stunden täglich auf dieses Zappen, was mit 500 Milliarden Euro Minus in der US-Wirtschaft zu Buche schlägt. Ein Unternehmen mit 100 000 Mitarbeitern verliert so schätzungsweise mehr als 3,5 Millionen Euro pro Tag. Diese Zahlen und der damit verbundene Produktivitätsschwund sollten uns auch in Deutschland nachdenklich stimmen.

▪ *Wir verlernen allmählich, uns auf eine einzige Sache zu konzentrieren. Stattdessen gehen wir auf die Jagd nach der Zeit – mit der wir dann aber nichts anzufangen wissen, sobald wir sie erbeutet haben.* ▪

Gehetzt bis in die Freizeit

Wir leben ständig in der Angst, etwas zu verpassen: Jeder Anruf, jede Mail könnte schließlich wichtig sein, so wichtig, dass die Erledigung nicht warten kann. Psychologen vergleichen dieses Phänomen der permanenten Gehetztheit mit dem Aufmerksamkeitsdefizitsyndrom, verursacht durch stressende Bedingungen am Arbeitsplatz. Reizbarkeit, Verzettelung, Unkonzentriertheit und die krankhafte Unfähigkeit, den eigenen Arbeitsplatz zu organisieren, sind die beobachteten Symptome. Im Übrigen sind beim zwanghaften Gebrauch von Handys, Organizern und anderen Kommunikationsmitteln dieselben Zentren des Gehirns aktiv, die auch beim Suchtverhalten eine Rolle spielen.

Doch auch am Rande der Arbeitswelt und außerhalb begegnen wir täglich Multitasking-Phänomenen. Traditionelle Zeitstrukturen wie Ladenöffnungszeiten, Wochenende und Sommer- und Winterschlussverkauf werden abgeschafft. Anstelle des Jahresurlaubs werden Kurzurlaube eingeschoben, wenn es gerade mal passt, mitunter auch, weil manch einer aus Sorge um den Arbeitsplatz nicht wagt, länger als eine Woche wegzubleiben. Herzlich willkommen in der Non-Stop-Gesellschaft!

Die Entdeckung der Langsamkeit

Nicht nur die Arbeitswelt der Führungsetagen wird von Schnelllebigkeit, Flexibilität und pausenloser Einsatzbereitschaft geprägt, sondern der Trend betrifft alle Arbeitnehmer. Fraglich ist, ob wir dabei überhaupt noch Zeit zum Nachdenken haben über das, was wir tun und wie wir es tun sowie über unsere Ziele und unsere Entscheidungen.

Um glücklich zu werden und ein erfülltes Arbeits- und Privatleben zu haben, müssen wir uns Strategien überlegen, wie wir mit der Schnelllebigkeit unsere Umgebung, der grenzenlosen Flexibilität und Mobilität umgehen lernen. Ein Weg besteht darin, das Wichtige vom Unwichtigen zu trennen und Unwichtiges auf später zu verschieben.

Um Wichtiges vom Unwichtigen zu trennen, müssen Prioritäten geklärt werden. Sicherlich wird sich beispielsweise das interne Wochenmeeting verschieben lassen, wenn eine Stunde später eine Telefonkonferenz mit den internationalen Abteilungsleitern stattfindet, die sorgfältig vorbereitet sein will, zu der wir also nicht abgehetzt erscheinen sollten. Wir müssen nicht auf allen Hochzeiten tanzen, sondern sollten unsere Kräfte gewinnbringend einsetzen – und uns ausreichend Verschnaufpausen gönnen, um zu regenerieren. Denn sonst werden uns unausweichlich Fehler unterlaufen.

Um dem Multitasking Paroli zu bieten, ist es unumgänglich, bestimmte Dinge zu unterlassen – sie einfach nicht mehr zu tun. Insbesondere dann, wenn die Möglichkeit besteht, sich selbst zu organisieren, sollten wir ganz bewusst prüfen, ob es wirklich notwendig ist, das eine oder andere nur im Multitasking-Modus zu erledigen. Oft fahren wir nach dem Motto „Eines nach dem anderen" besser.

Sicher: Sie können nicht einfach gegen betriebliche Regeln verstoßen oder sich plötzlich weigern, Ihre Mails am Wochenende zu lesen. Aber vielleicht ist es möglich, wenigstens im privaten Bereich von der Non-Stop-Mentalität abzurücken und sich bewusst für die wirklich wichtigen Dinge des Lebens Zeit zu nehmen. Sobald Sie diese Grundhaltung verinnerlicht haben, wird sie sich früher oder später auch auf Ihr Berufsleben übertragen lassen.

Übung: 1. Teil

Nehmen Sie einmal Ihr privates und Ihr berufliches Leben unter die Lupe und überlegen Sie: Welche Tätigkeiten sind für Sie in welchem Bereich wichtig und unverzichtbar?

▪ Körper:
▪ Arbeit:
▪ Familie/Partner:

Fortsetzung auf der nächsten Seite

▪ Freizeit:
▪ Freunde/Kollegen:

2. Teil

Und nun blicken Sie auf die Tätigkeiten, die Sie meist gleichzeitig, also nebenbei, erledigen. Welche dieser Multitasking-Aktivitäten wollen Sie künftig in den folgenden Bereichen abstellen, um sie getrennt voneinander und sukzessive zu erledigen?

▪ Körper:
▪ Arbeit:
▪ Familie/Partner:
▪ Freizeit:
▪ Freunde/Kollegen:

■ *Wir müssen die Langsamkeit in unser Leben zurückholen und Bereiche so genannter träger Produktivität schaffen, wenn wir nicht unter die Räder unseres selbstgeschaffenen Geschwindigkeitsrausches kommen wollen.* ■

Sie werden sehen: Wenn für Sie im übertragenen Sinn die Uhren wieder einen Schlag langsamer gehen dürfen, haben Sie nicht mehr das Gefühl, kopflos von einem Termin zum anderen zu hetzen und sich darüber ganz allmählich selbst zu verlieren. Im Gegenteil: Sie erledigen Ihre Aufgaben wieder bewusster und damit gründlicher. Und am Ende wird sich ein Gefühl der Zufriedenheit, des Stolzes und des Glücks einstellen. Denn es ist Ihnen geglückt, für sich und Ihre Bedürfnisse einzustehen.

Arbeiten um des Geldes willen?

Beispiel
Alle Mitarbeiter der Firma X erhalten eine Prämie von 2 000 Euro. Ein einziger Mitarbeiter, nennen wir ihn Mario, erhält allerdings statt der Summe von 2 000 Euro nur 1 500 Euro als Prämie. Mario wird unglücklich sein, weil er neidvoll auf die anderen Kollegen blickt. Das widerspricht jedoch der Logik eines wirtschaftlich denkenden Menschen: Da im Nutzen ausgedrückt wird, was der Mensch an Prämie erhält, müsste doch ein Mehrnutzen Mario glücklicher machen – und zwar unabhängig davon, was seine Kollegen bekommen. Doch so denkt Mario nicht – und mit ihm viele andere. Scheinbar verhält sich der Mensch also nicht immer wirtschaftlich-rational.

Oft ist die Triebfeder für das berufliche Engagement Geld. Wir wissen aber, dass der Mensch – statistisch gesehen – nicht glücklicher wird, wenn er mehr verdient (siehe S. 18f.): Sind die Grundbedürfnisse erst einmal gedeckt, bringt uns weiterer Wohlstand keinen nennenswerten Glückszuwachs mehr ein – so die Ergebnisse zahlreicher Umfragen.

Der Investmentberater und Börsenstratege James Montier berichtet dennoch, dass sich gerade in Banken viele Menschen finden, die regelrecht besessen vom Geld sind, ihr ganzes Tun darauf richten, es zu vermehren – und es offenbar für Glück halten.

Macht Geld glücklich?

Nicht nur diesen Menschen geht es so: Viele andere arbeiten vor allem des Geldes wegen – und vergessen ganz, was sie damit eigentlich anstellen wollen. Dabei ist Geld im Grunde nur Mittel zum Zweck, mit dem wir unseren Lebensunterhalt finanzieren. Doch das verlieren viele aus den Augen und arbeiten mehr, länger, härter oder erdulden unangenehme Jobs und Vorgesetzte – natürlich, ohne dabei glücklicher zu werden.

Mein Haus, mein Auto, mein Boot – all das sind Besitztümer, die natürlich für viele einen große Befriedigung darstellen. Es sind auch Zeichen des Erfolgs, bestimmte Ziele erreicht zu haben. In vielen Fällen machen sie aber nicht *dauerhaft* glücklich: Irgendwann erlahmt das Interesse am flotten Flitzer, haben die Freunde noch schönere Häuser – und immer weiter dreht sich das Rad, wenn es nicht aus eigenem Willen und aus eigener Kraft angehalten wird.

Übung

Erforschen Sie einmal Ihre eigene Arbeitsmotivation: Aus welchen Gründen arbeiten Sie? Um sich Ihren Lebensunterhalt zu verdienen? Um sich und Ihrer Familie ein standesgemäßes Leben zu ermöglichen? Oder auch, weil es Ihnen Spaß macht, zu etwas Größerem beizutragen und etwas Neues zu schaffen? Niemand wird Ihre Notizen lesen – also seien Sie ehrlich zu sich selbst. Und wenn Ihnen nicht gefällt, was Sie da schreiben, dann überlegen Sie, woran das liegt und was sich daran ändern ließe.

Glücklicher sind laut Statistik – und nach eigener Erfahrung – all diejenigen, die auch und vor allem für den Spaß an der

Freud' arbeiten. Die das Geld, das sie verdienen, auch lohnend verwenden und genießen können. Die sich voll und ganz in ihren Job einbringen und an ihm wachsen. Die dabei ihre Persönlichkeit weiter entwickeln, Erfahrungen sammeln und Niederlagen als Herausforderung betrachten. Und die als nächstes Etappenziel nicht nur die Gehaltserhöhung im Auge haben, sondern in erster Linie die Lösung der ihnen gestellten Aufgaben.

Wer so arbeitet, ist eine Bereicherung für jede Firma. Und er arbeitet – unabhängig vom Gehaltszettel – wahrlich nicht umsonst.

Instrumente und Methoden: So werden Sie glücklicher

Es gibt es keine Patentrezepte mit „Glücksgarantie“. Dennoch können Sie mit Hilfe verschiedener Methoden und Strategien eine ganze Menge dafür tun, dass Sie Ihrem Glück ein Stück näher kommen.

Entscheiden Sie sich dafür, glücklich zu sein

Stellen Sie sich vor, Sie treffen einen notorisch unzufriedenen Bekannten. Sie fragen, wie es ihm geht, und müssen sich lange Tiraden über das anhören, was in seinem Leben schief läuft. Wenn Sie sich nun danach erkundigen, was er sich wünscht, erhalten Sie vermutlich Antworten wie Urlaub, ein Sabbatjahr, einen Jobwechsel oder einfach nur weniger Arbeit.

Wenn man den Preis nicht zahlen möchte

Ihr Bekannter klagt zu Unrecht, denn all das kann er durchaus realisieren – wenn er es wirklich will. Er muss nur bereit sein, mit den Folgen zu leben. Wenn er in Urlaub fahren möchte, muss er eben sein Konto plündern oder auf das neue Sofa verzichten. Will er sich ein Sabbatjahr als Auszeit nehmen, muss er vorarbeiten, Vorbereitungen treffen und auf Einkommen oder sogar auf eine Beförderung verzichten. Gefällt ihm der alte Job nicht mehr, muss er sich um einen neuen bewerben oder den Schritt in die Selbständigkeit wagen.

All diese Entscheidungen haben ihren Preis; wir wägen die Alternativen ab und entscheiden dann, ob wir diesen Preis zahlen wollen oder nicht. Wohlgemerkt: Wir allein sind es, die diesen Entschluss fassen. Wir müssen die Dinge nicht erdulden – wir müssen nur unsere Trägheit überwinden, den

Schalter im Kopf umlegen und zur Tat schreiten. Wir sind also nicht Opfer, sondern spielen eine aktive Rolle.

Das funktioniert natürlich auch anders herum: Wenn wir unser Leben, wie wir es im Moment führen, so gewählt haben, können wir es auch wieder abwählen. Es ist jederzeit möglich, morgens nicht mehr ins Büro zu gehen – wir müssen nur die Konsequenzen tragen.

Sie haben die Wahl

Tiere werden von Instinkten und von Programmen geleitet, die ihnen angeboren sind: Auf jeden Reiz antworten sie mit bestimmten Reaktionen. Wir Menschen sind nicht gleichermaßen „ferngesteuert", denn wir können frei wählen, wie wir uns verhalten. Wir sind zum Handeln und nicht zum Reagieren geboren.

In der Bequemlichkeit eingerichtet?

Durch solch aktives Tun können wir dem alltäglichen Missmut entkommen. Denn Glück ist zum Großteil kein Zufall, keine „Glückssache", die uns einfach zustößt, sondern das Ergebnis eigenverantwortlichen Handelns.

Beispiel

Marion trifft ihren alten Klassenkameraden Daniel wieder. Er ist mittlerweile Lehrer geworden und beklagt sich über die schlechten Verdienst- und Aufstiegsmöglichkeiten. Sie rät ihm, den Staatsdienst zu quittieren, vielleicht eine Fortbildung zu machen und sich einen besser dotierten Job in der Wirtschaft zu suchen. Doch Daniel winkt sofort ab: Auf den sicheren Arbeitsplatz, die garantierte Lehrerpension und die langen Ferien möchte er dann doch nicht verzichten.

Insbesondere in der Lebensmitte leiden wir oft unter der Eintönigkeit des Lebens: Beruf und Familie funktionieren nach Schema F, der Stammtisch am Mittwoch und das Joggen am Samstag sind keine Entspannung mehr, sondern eherne Gewohnheit, und so verläuft jede Woche im gleichen Trott. Abwechslung Fehlanzeige.

Hinter einem „Ich kann nicht" verbirgt sich oft ein „Ich will nicht" oder „Ich traue mich nicht". Von Bedeutung ist allein die Höhe des Preises, den wir für die Veränderung zahlen müssten: Davon hängt ab, ob wir es tun oder lassen.

Es gibt keine Sachzwänge

Beispiel

Die Berufwahl von Ulrich war vorbestimmt: Die Eltern boten ihm nachdrücklich die Übernahme der Zahnarztpraxis an. Er liebäugelte aber seit Jahren mit einem Kunststudium. Heute scheint ihm sein Leben trotz gut gehender Praxis, dem schönen Eigenheim und seinen Pferden irgendwie sinnlos. Er hat gewählt und zwar nicht den Konflikt mit den Eltern und die unter Umständen brotlose Kunst, sondern er hat sich für den Weg entschieden, der ihm vorgezeichnet war.

Vermeintliche Sachzwänge, die sich aus dieser Haltung ergeben, schränken die eigene Freiheit ein. Die Eltern, der Partner, die Kinder, das Eigenheim, der Chef, die Nachbarn müssen oft als Entschuldigung dafür herhalten, dass man nicht das tut, was man sich eigentlich wünscht. Sachzwänge gibt es aber streng genommen nicht, denn wir haben uns unser Leben ja selbst ausgesucht. In vielen Fällen bauen wir uns nach und nach unseren eigenen mehr oder weniger goldenen Käfig – um dann irgendwann erstaunt an den

Stäben zu rütteln und festzustellen, dass unser Wohlstand uns unbeweglich und unfrei gemacht hat.

Werden Sie aktiv

Übung

Wagen Sie ein Gedankenexperiment: Schließen Sie die Augen und malen Sie sich aus, was Sie in Ihrem Leben ändern möchten. Fragen Sie sich:

- Was genau wäre das? Welche Dinge möchte ich ändern?
- Was würde geschehen, wenn ich mein Leben von heute auf morgen änderte?
- Was würde geschehen, wenn ich mal nicht das tue, was andere (die Familie, der Chef, die Gesellschaft) von mir verlangen?
- Wie hoch wird der Preis dafür sein?
- Und werde ich ihn zahlen wollen?

Nach diesem Gedankenexperiment sollten Sie aktiv werden; die Verantwortung dafür, dem Glück ein Stück näher zu kommen, liegt ganz bei Ihnen: Packen Sie den einen oder anderen Sachzwang beim Schopf und überlegen Sie sich, wie Sie ihn beseitigen. Das muss nicht gleich sein, sondern kann auch ein Ziel für die Zukunft darstellen.

Falls Sie radikale Veränderungen nicht schätzen, beginnen Sie mit den kleinen Dingen und werden nach und nach immer mutiger. Manchmal kann Sie aber auch nur eine radikale Veränderung wie ein Umzug, der Wechsel einer Arbeitsstelle oder sogar des Berufs oder die Aufgabe einer Beziehung wirklich Ihrem Lebensglück näher bringen.

Ziele und Visionen entwickeln

Die Freiheit des Einzelnen gilt in der westlichen Welt als hohes Gut. Aber sie schreckt uns auch, weil sie Verantwortung bedeutet: Das, was wir tun oder nicht tun, fällt auf uns zurück. Trotzdem empfinden wir es als Befreiungsschlag, wenn wir endlich den Mut haben, zu enge selbst gesteckte Grenzen zu überwinden und zu neuen Ufern aufzubrechen. Und dann immer weiter Richtung Lebensglück vorzustoßen.

Unternehmerisches Aufbruchsdenken

Beispiel

Auch der Weltkonzern Microsoft ist aus Wagemut und Visionen hervorgegangen: 1975 tüftelten Bill Gates und sein Partner Paul Allen in einer Garage eine neue Software aus. Gates erinnert sich, dass sie manchmal nicht mehr wussten, ob es Tag oder Nacht war; oft schliefen sie einfach am Schreibtisch oder auf dem Boden, aßen kaum etwas und sahen tagelang niemanden. Aber der überwältigende Erfolg gab ihnen am Ende Recht und entschädigte sie für alle Entbehrungen und Strapazen.

Die Fähigkeit, an Träume und Ziele zu glauben und daran, sie verwirklichen zu können, zeichnet viele Unternehmer der neuen Generation aus. Seinem Glück ein Stück näher ist also offenbar der Mensch, der seine Neigungen mit seinen beruflichen Wertvorstellungen und Überzeugungen in Übereinstimmung bringen kann – dann erlebt er, dass ihm alles scheinbar mühelos von der Hand geht. Wenn es umgekehrt zwischen diesen beiden Polen sehr große Diskrepanzen gibt, will ihm nichts Rechtes gelingen, und der Erfolg bleibt aus. Verbissenheit und Verkrampfung durch den permanenten Zwang durchzuhalten sind die Folge.

Unsere Visionen und Träume gedeihen nur in einem inspirierenden Umfeld und erfordern Mut sowie die richtige Strategie – und dennoch schützt uns das nicht vor Scheitern und Misserfolgen: In den Zeiten der New Economy verschwanden nach dem Platzen der bunten Blase am Aktienmarkt viele Firmen sang- und klanglos von der Bildfläche; andere wiederum konnten sich halten und gingen gestärkt aus der Krise hervor. An ihrer Spitze standen nicht selten Unternehmerpersönlichkeiten, die weitermachen und sich nicht geschlagen geben wollten. Offenbar können also Menschen, die ihre Potenziale ausschöpfen und aktiv selbst entscheiden, Glück auch dann erleben, wenn sie ihre Ziele korrigieren und Misserfolge verkraften müssen.

Die Devise „lebe Deine Träume" gilt auch hier. Je leidenschaftlicher wir unsere Ideen und Visionen verfolgen, desto zufriedener sind wir – unabhängig vom Ergebnis. Schon die Arbeit an unseren Zielen macht uns glücklich. Für alle künftigen Unternehmungen sollten Sie daraus die Lehre ziehen, Scheitern als positive Lektion zu betrachten und zu werten und stets intensiv an der Realisierung der eigenen Visionen zu arbeiten.

Ziele festlegen

Der Mensch kann fast alles werden, was er will, und er kann auch fast alles tun, was er will, wenn er sich Ziele setzt und sich über die Schritte klar wird, die notwendig sind, um das Ziel zu erreichen. Beginnen Sie damit: Legen Sie Ihre Ziele fest. Haben Sie den Mut, auch außergewöhnliche Ziele zu nennen und Maßnahmen zu definieren, die außerhalb dessen liegen, was Sie bisher für vernünftig gehalten haben. Beginnen Sie diesmal nicht mit der Schere im Kopf und denken Sie nicht an vermeintliche Sachzwänge!

Übung: Legen Sie Ihre Ziele fest!

1 Mein wichtigstes berufliches Ziel ist:

In einem Jahr:

____

In drei Jahren:

____

In fünf Jahren:

____

An meinem 67. Geburtstag will ich Folgendes erreicht haben:

____

2 Mein wichtigstes privates Ziel (familiär, gesundheitlich, musisch, ethisch usw.) ist:

In einem Jahr:

___

In drei Jahren:

___

In fünf Jahren:

___

An meinem 80. Geburtstag will ich Folgendes erreicht haben:

___

3 Mein wichtigstes Freizeitziel ist:

In einem Jahr:

___

In drei Jahren:

___

In fünf Jahren:

___

Wenn Sie Ihre Ziele fixiert haben, gehen Sie nun an die Umsetzung: Welche Maßnahmen müssen Sie ergreifen, um Ihre Ziele zu erreichen? (Fortsetzung auf der nächsten Seite)

1 Maßnahmen für Ihr berufliches Ziel:

Sofort bis in einem Jahr:

____

____

Bis in drei Jahren:

____

____

Bis in fünf Jahren:

____

____

Bis zum 67. Geburtstag:

____

____

2 Maßnahmen für Ihr privates Ziel:

Sofort bis in einem Jahr:

____

____

Bis in drei Jahren:

____

____

Bis in fünf Jahren:

____

____

Bis zum 80. Geburtstag:

____

____

3 Maßnahmen für Ihr Freizeitziel:

Sofort bis in einem Jahr:

____

____

Bis in drei Jahren:

____

____

Bis in fünf Jahren:

____

____

Am Anfang steht der Plan

Beispiel

Zu Beginn eines Brückenbaus entwirft der Architekt zunächst einen Konstruktionsplan und versucht, alle Details vorab zu überdenken. Die Brücke wird so geplant, dass sie jeder Witterung und der voraussichtlichen Fahrzeugbelastung standhält. Der Brückenbauer muss also schon am Anfang das Ende im Sinn haben.

Eine wichtige Voraussetzung für das Glück ist, dass wir bei dem, was wir tun, zu Beginn schon darüber nachdenken, worauf wir eigentlich hinauswollen. Das heißt andererseits nicht, dass wir stur an dem festhalten müssen, was der Plan uns diktiert: Wenn sich Bedingungen ändern oder Variablen auftreten, die wir nicht beeinflussen können, sollten wir diese berücksichtigen und unseren Plan modifizieren. Vielleicht wird es sogar nötig, den ursprünglichen Plan fallen zu lassen und einen neuen zu fassen.

Wer sich beispielsweise mit dem Gedanken trägt, sich selbstständig zu machen, wird zunächst einen Businessplan erstellen. Darin ist klar definiert, was erreicht werden soll, Produkte und Dienstleistungen werden abgesteckt und anfallende Kosten, Mitarbeiter, Logistik, Technik und andere für die Unternehmensgründung relevante Dinge umrissen. Je sorgfältiger dieser Plan erarbeitet wird, desto eher wird die Unternehmung glücken und desto wirksamer können Misserfolge vermieden oder abgefangen werden.

In welchem Maße Sie sich zu Beginn Gedanken gemacht haben, hat also wesentlichen Einfluss auf Ihren Erfolg.

Am Anfang das Ende im Sinn haben

Übung

Stellen Sie sich vor, Sie säßen an Ihrem Lebensabend auf der Veranda eines schönen Hauses. Auf welche beruflichen Erfolge würden Sie gern zurückschauen? Was wollen Sie erreicht haben? Wie sollte man über Sie denken? Was wäre für Sie ein erfülltes Leben? Notieren Sie ihre Gedanken.

Wenn Sie in einer vorweggenommenen Rückschau auf Ihre beruflichen Unternehmungen blicken – wenn Sie sich also vorstellen, Sie stünden bereits am Ende Ihrer Bemühungen und nicht am Anfang –, lässt Sie diese Perspektive ganz anders zu Werke gehen. Sie messen dann Ihre täglichen Aktivitäten an dem, was wirklich wichtig ist, und verzetteln sich nicht an Nebenschauplätzen.

Den Masterplan entwerfen

Diese Strategie steht und fällt allerdings mit einer klaren Zielsetzung: Nur wenn diese vorhanden ist, können Sie Ihre Pläne auch umsetzen. Im gegenteiligen Fall – wenn Sie also keinen festen Plan haben oder nicht wissen, wie Sie ihn verwirklichen sollen – kann es durchaus geschehen, dass Sie die Betriebsamkeit, die Sie an den Tag legen, in eine Falle lockt: Sie erklettern Sprosse um Sprosse unserer Erfolgsleiter und merken erst viel zu weit oben, dass die Leiter an der falschen Mauer steht.

- *Am Anfang des Erfolgs steht ein Masterplan: Was wollen Sie am Ende geschafft haben? Wie wollen Sie dorthin gelangt sein? Und welche Alternativen gibt es, wenn Ihre Mission scheitert?*

Die Leiter an die falsche Mauer zu lehnen kann bedeuten, dass Sie das Ziel falsch definiert haben: Vielleicht sind soziales Ansehen, eine Mitgliedschaft im Lions Club und ein repräsentatives Anwesen einfach keine Bausteine Ihrer persönlichen Mauer. Möglicherweise ist Ihre Mauer weniger hübsch anzusehen, dafür aber stabiler und widerstandsfähiger, weil Sie auf persönliche Erfüllung, Freude an der Arbeit und langfristige Lösungen bauen.

Beispiel

Rainer hat sich vom Sachbearbeiter in einer renommierten Bank bis zum Vorstand hochgearbeitet. Er ist Mitglied im Golfclub, fährt einen großen Wagen, speist in erlesenen Lokalen und führt das Leben, das man mit seiner Position verbindet. Allmählich merkt er aber, dass ihm etwas fehlt. Er hat alles erreicht, doch muss er entdecken, dass er zwar am Ziel angelangt ist, aber dass die erwartete tiefe Zufriedenheit ausbleibt. Er besinnt sich und erinnert sich an seinen Traum. Voller Energie macht er sich daran, eine Stiftung ins Leben zu rufen, die sich um Obdachlose kümmert. Er entwirft einen Plan und ist sich jetzt ganz sicher, dass die Leiter diesmal an der richtigen Mauer steht. Er nutzt seine Verbindungen aus der Finanzwelt und seine finanziellen Ressourcen – und realisiert seinen Traum.

Der Sinn des Lebens

Eine besondere Art von Masterplan ist der Sinn, den jeder Einzelne von uns in seinem Leben sieht. Schließlich stellen wir alle uns irgendwann einmal die Frage, wohin unser Leben gehen soll – und jeder gibt sich seine ganz persönliche Antwort darauf: So strebt der eine an, mit der Familie glücklich zu werden, der andere sucht die Erfüllung in der Unterstützung humanitärer Projekte, ein Dritter sucht nach Erkenntnis und persönlicher Entwicklung, und ein Vierter ist nur auf den Spaß am Leben abonniert, weil er einfach keinen übergeordneten Sinn darin erkennen kann.

Der Mensch ist das einzige Lebewesen, das über sich hinausfragt und sein Dasein ins große Ganze eingeordnet wissen will – diese tiefe Sehnsucht ist uns gleichsam einprogrammiert und treibt schon seit über zwei Jahrtausenden die klügsten Köpfe um. Während die Biologie die große Frage nach dem Sinn der menschlichen Existenz mit dem Fortbestand der Art beantwortet, ist die Philosophie längst zu dem Schluss gekommen, dass es keine allgemein gültige Definition für den Sinn des Lebens gebe: So versucht jeder nach seiner Fasson, glücklich zu werden und dem Sinn, den er in seinem Dasein sieht, gemäß zu leben.

Diesem höheren Sinn werden alle anderen Pläne untergeordnet: Er ist letztlich das große Ziel, an dem wir uns ein Leben orientieren – oder zumindest eine Lebensphase lang. Denn natürlich kann das, was wir als unseren Lebenssinn bezeichnen, sich auch verändern – je nach Umständen oder Krisen in unserem Leben. Eines aber dürfte feststehen: Wer einen Sinn in seinem Dasein erkennt, wird Tiefschläge oder Notzeiten im Leben besser verkraften, sich mehr an Teilerfolgen freuen und auch eher glücklich werden können als jemand, der plan- und ziellos durch sein Leben schlingert.

Kooperation und Konfliktbewältigung

Unser Glück im professionellen Zusammenhang hängt wesentlich davon ab, ob wir die Kooperation mit unseren Mitmenschen positiv und erfolgreich gestalten können. Dennoch werden bei Differenzen in Ressourcen, Werten oder Prinzipien immer wieder auch Konfliktsituationen auftreten. Sie lassen sich durch eine Reihe von Konfliktbewältigungsstrategien lösen. Wir unterscheiden hier die folgenden Varianten:

- Gewinn/Gewinn
- Gewinn/Verlust
- Verlust/Gewinn
- Verlust/Verlust
- Gewinn
- Gewinn/Gewinn oder kein Geschäft.

Gewinn/Gewinn

Das Gewinn-Gewinn-Prinzip strebt Konfliktlösungen an, die für alle Beteiligten von Vorteil sind. Idealerweise sollten wir alle es und zum leitenden Handlungsprinzip, zur menschlichen Grundeinstellung machen, wie man an Konflikte herangehen sollte.

Die Anwendung des Gewinn-Gewinn-Prinzips stellt die Zufriedenheit der beteiligten Parteien sicher und ist damit eine wichtige Prämisse für das Glück aller.

In der konkreten Umsetzung dieses Prinzips wird nach Lösungen gesucht, die für beide Seiten gleichermaßen positiv sind. Beide Parteien fühlen sich unter diesen Voraussetzungen mit der Entscheidung wohl und tragen das gemeinsame Vorgehen. Hinter dieser Art, zu denken und Konflikte zu bewältigen, steht nicht unerbittliches Machtstreben, sondern die Überzeugung, dass aus einer Konfrontation alle als Sieger hervorgehen können.

Übung

Denken Sie an einen Konflikt, den Sie zurzeit mit einer anderen Person haben. Wie könnten Sie diesen Konflikt im Sinne des Gewinn-Gewinn-Prinzips lösen?

Gewinn/Gewinn ist eine praktikable Philosophie zur Interaktion von Menschen. Wenn wir in Gewinn-Gewinn-Bahnen denken und handeln, können wir unsere privaten Beziehungen positiv entwickeln und gestalten. Auch rein geschäftliche Beziehungen werden gedeihlicher, da nach Lösungen gesucht wird, die allen nutzen. Beides ist eine wichtige Voraussetzung für unser Glück.

Gewinn/Verlust

Bei diesem Ansatz sind die Rollen klar verteilt: Es gibt einen Verlierer und einen Gewinner. Dieser setzt Macht, Verbindungen oder Geld ein, um an sein Ziel zu kommen und nimmt billigend in Kauf, dass er dabei den anderen übervorteilt.

Schon in der Familie wird der Grundstein zu solchen Verhaltensmustern gelegt, die sich ins Erwachsenen- und Berufsleben fortsetzen und in vielen Firmen gang und gäbe sind: Wenn ein Kind nur dann geliebt wird, wenn es bestimmte Leistungen erfüllt, kann beispielsweise eine solche Gewinn-Verlust-Programmierung erfolgen. „Ich muss nur gut in der Schule sein, dann werde ich geliebt!" Alle anderen Wesensmerkmale oder Talente des Kindes werden ausgeklammert. Wenn nur die schulische Leistung honoriert wird, wird sich dieser Mensch im Erwachsenenalter wahrscheinlich keine anderen Lebensfelder erschließen können als diejenigen, die durch Leistung definiert sind.

Es gibt eine Reihe von positiven Wettbewerbssituationen, etwa im Sport. Der Großteil des Lebens ist jedoch nicht als Konkurrenzkampf, sondern als Miteinander gedacht. Wir sollten nicht tagtäglich mit unseren Kindern, unseren Eltern, unserem Partner oder unseren Nachbarn kämpfen. Wenn in einer Ehe oder Partnerschaft stets nur der eine gewinnt und der andere verliert, ist dies sicherlich kein Weg zum Glück. Wenn nicht beide gewinnen, verlieren auf lange Sicht gesehen beide.

Zumindest kurzfristig kommt es bei der Gewinn-Verlust-Mentalität zu einem raschen Erfolg. Allerdings können sich Machtkonstellationen ändern und Machtverhältnisse umkehren. Und plötzlich findet sich der einstige Gewinner auf der Verliererseite wieder.

Beispiel

Helmut ist Chef eines vielköpfigen Teams. Es kommt fast bei jeder Teamsitzung vor, dass mindestens ein Mitarbeiter beleidigt oder vorgeführt wird. Einige Kollegen haben mit psychosomatischen Problemen zu kämpfen. Zudem ist der Umsatzdruck utopisch hoch. Eines Tages rächt sich ein Mitarbeiter, indem er Helmut wegen Steuerhinterziehung anzeigt. Durch diese Anzeige und die damit verbunden Nachzahlungen und Geldstrafen gerät Helmut in finanzielle Nöte und verliert seinen Posten.

Im Berufs und Privatleben müssen Menschen miteinander auskommen, gemeinsame Wege finden. Arbeitsergebnisse sind abhängig von Kooperation und nicht davon, dass einer auf Kosten der anderen gewinnt. Die Gewinn-Verlust-Mentalität ist für das Zusammenleben und Zusammenarbeiten kontraproduktiv.

Übung
Denken Sie an eine Gewinn-Verlust-Situation in Ihrem Leben. Wie könnten Sie diesen Konflikt im Sinn von Gewinn-Gewinn lösen?

Verlust/Gewinn

Manche Menschen scheinen regelrecht zum Opferlamm geboren zu sein. Ihr Leben läuft nach negativen Selbstprogrammen ab, und ihre Glaubenssätze sind: „Ich verliere, du gewinnst", „Behandle mich ruhig schlecht, das machen ja alle so" oder „Ich treffe immer die falschen Entscheidungen, ich bin eben ein Loser". Umso glücklicher sind solche Menschen, wenn man ihnen applaudiert und Sie akzeptiert. Da sie nicht den Mut haben, eigene Erwartungen und Visionen zu äußern, lassen sie sich von anderen leicht einschüchtern.

Daher kommt es vor, dass Menschen mit einer Gewinn-Verlust-Haltung mit Verlust-Gewinn-Menschen eine Art Symbiose eingehen. Sie nutzen deren Schwäche aus und fühlen sich selbst dadurch stärker. Natürlich staut sich dabei Wut bei den Benachteiligten auf, und irgendwann läuft das Fass über. Überreaktionen bei nichtigen Anlässen, Zynismus oder Flucht in die Krankheit sind die Folge.

> ■ *Weder mit der Gewinn-Verlust- noch mit der Verlust-Gewinn-Mentalität kann man ein glückliches Leben führen. Beide Positionen sind in einer tiefen persönlichen Unsicherheit begründet, die Erfolg nur auf Kosten einer anderen Person zulässt.* ■

Verlust/Verlust

Beispiel

Ein Unternehmer erfährt von der Kündigung seines besten Mitarbeiters und ist außer sich. Er bringt in Erfahrung, wohin der Mitarbeiter wechseln möchte, und schwärzt ihn ohne jede Grundlage bei seinem neuen Arbeitgeber an. Dieser entzieht dem Mitarbeiter daraufhin sein Vertrauen und tritt vom Arbeitsvertrag zurück.

„Wenn ich verliere, sollen die anderen auch nichts davon haben": Mit dieser Devise lässt sich das Verlust-Verlust-Prinzip umschreiben. Dahinter steht eine zerstörerische und zersetzende Philosophie, die niemandem sein Glück gönnt und keine konstruktiven Ansätze zeigt. Es geht nicht um die Sache oder den gemeinschaftlichen Erfolg, sondern nur ums (negative) Prinzip. Diese destruktive Vorgehensweise wird von Menschen gelebt, die orientierungslos und ohne Ideale sind, und führt ins Chaos.

Gewinn

Weit verbreitet ist auch die Mentalität, dass nur das eigene Fortkommen zähle. Menschen, die diesem Prinzip anhängen, denken ausschließlich an ihren persönlichen Gewinn. Dabei verfolgen sie gar nicht das Ziel, dass andere verlieren – es ist ihnen einfach gleichgültig. Hauptsache, sie selbst erreichen das, was sie sich wünschen. Alles andere ist nebensächlich und interessiert sie nicht.

Gewinn/Gewinn oder kein Geschäft

Für den Fall, dass keiner der Verhandlungspartner eine bessere Lösung erzielt, kommt kein Geschäft zustande. Es entstehen also auch keine Erwartungen an die andere Partei, Verträge werden nicht geschlossen.

Beispiel

Ein Bewerber und die adressierte Firma stellen während des Bewerbungsgesprächs fest, dass die gegenseitigen Erwartungen nicht in Übereinstimmung zu bringen sind. Auf eine Einstellung wird verzichtet.

Wenn wir bei einer Verhandlung „kein Geschäft" im Hinterkopf haben, sind wir in unseren Entscheidungen frei. Wir konzentrieren uns darauf, dass wir nur mit dem Partner zusammenarbeiten, wenn eine Gewinn-Gewinn-Situation entsteht. Es ist besser, kein Geschäft zu machen, als mit einer Entscheidung zu leben, die für beide Verhandlungspartner nicht stimmt.

In der Familie kann „Gewinn/Gewinn oder kein Geschäft" zu konstruktiven Lösungen führen: Wenn sich die Familienmitglieder beispielsweise nicht einigen können, welcher Film angeschaut wird, können alle beschließen, etwas anderes zu tun (also „kein Geschäft"), statt dass einige den Abend auf Kosten der anderen verbringen.

Im Berufsleben ist dieses Prinzip zu Beginn neuer Geschäftsbeziehungen ein durchaus pragmatischer Ansatz. Hält die Geschäftsbeziehung allerdings an, könnte er sich schädlich und kontraproduktiv auswirken: Um die gewachsene Beziehung zu bewahren und auch in Zukunft Geschäfte miteinander machen zu können, müssen wir manchmal einfach Kompromisse eingehen. Das ist insbesondere der Fall, wenn es sich um Geschäftsbeziehungen unter Freunden handelt.

Erst das Wichtige, nicht das Dringende

Wir wissen bereits, wie wichtig es ist, Wichtiges von Unwichtigem zu unterscheiden. Nun wenden wir uns den Dingen zu, die meist oberste Priorität haben. Solche dringenden Dinge werden uns meist von außen – von den Umständen oder anderen Menschen – aufgezwungen und führen bei uns selten zu einem höheren Glückslevel.

Das Dringende hat also meist mit Prioritäten und Terminen anderer zu tun. Das sind die Aufgaben, die uns von unserem Chefs, den Kollegen, der Schwiegermutter, den Kunden oder dem Finanzamt auferlegt werden. Wo aber bleibt das, was uns selbst wichtig ist?

Wichtig, aber nicht dringend	Wichtig und dringend
Weder wichtig noch dringend	Unwichtig, aber dringend

Die so genannte Prioritätenmatrix hilft uns, Aufgaben und Aktivitäten zu bewerten, die wir tagtäglich zu erledigen haben, und erleichtert uns den Umgang mit ihnen.

- *Wichtig und dringend:* Diese Aktivitäten müssen unverzüglich erledigt werden, da es sich um eine kritische Situation handelt, die sofortiges Handeln erfordert.
- *Unwichtig, aber dringend:* Hier geht es um terminierte Routineabläufe, Verwaltungsaufgaben, Telefonate und Konferenzen, die sich ebenso auch reduzieren und delegieren lassen. Es handelt sich zumeist um Zeitfresser und Ineffektives.
- *Weder wichtig noch dringend:* Aufgaben, die wir nicht als wichtig und zeitkritisch erachten, werden hintangestellt oder wandern in den Papierkorb, um keine wertvolle Zeit damit zu verlieren.

- *Wichtig, aber nicht dringend:* Dies betrifft häufig bedeutsame strategische Aufgaben wie die Festlegung von Zielen, Zukunftsplanung, Wertedefinition, Projektvorbereitung oder Beziehungspflege. Diese werden in der Praxis gern durch das Dringende verdrängt. Erst wenn sie selbst dringend werden, muss man sie erledigen – und dann durch den Zeitdruck gezwungenermaßen meist suboptimal.

Auf dringende Dinge können wir nur reagieren, allein in wichtigen Dingen können wir proaktiv tätig werden. Wichtige Dinge haben daher höchste Priorität – in diesem Bereich sollten wir beruflich wie privat hauptsächlich operieren und uns nicht von Dringlichkeiten knechten lassen. So könnten Sie beispielsweise einen medizinischen Eingriff vornehmen lassen, der Ihnen Lebensqualität zurückgibt, anstatt sich von einem dringenden Projekt zum anderen hetzen zu lassen.

▪ *Nehmen Sie sich regelmäßig Zeit für das Wichtige und holen Sie sich die notwendigen Freiräume bei Aufgaben, die zwar dringlich, aber unwichtig sind.* ▪

Glück bedeutet, dass wir Wichtiges von Unwichtigem und Dringendem unterscheiden lernen. Stephen R. Covey, führender amerikanischer Unternehmensberater, bemerkt dazu: „Der Schlüssel liegt nicht darin, Prioritäten für das zu setzen, was auf Ihrem Terminplan steht, sondern darin, Termine für Ihre Prioritäten zu setzen."

Zuhören und Verstehen

In den ersten Jahren unseres Lebens lernen wir Sprechen, Lesen und Schreiben und legen damit den Grundstein zu unserer Kommunikationsfähigkeit. Zuhören allerdings lernen wir nicht – diese Fertigkeit ist bei den meisten Menschen heute verkümmert. Wir nehmen uns keine Zeit für sie und üben sie nicht. Lieber erteilen wir gleich unsere Ratschläge oder führen unsere eigenen Argumente ins Feld – ohne zu wissen, worum es dem Gegenüber eigentlich geht.

Menschliche Kommunikation kann indes nur dann gelingen, wenn wir ernsthaft versuchen zu verstehen, was uns der andere mitteilen will. Dann können wir unsererseits darauf reagieren und unsere Meinung dazu äußern. Wer den anderen zu verstehen versucht, lässt sich auf ihn ein. Die meisten Menschen hören allerdings nicht zu, um zu verstehen, sondern um ihre Antwort an den Mann zu bringen. Sie projizieren dabei ihre eigenen Geschichten auf das Leben der anderen. Aus Gesprächen werden so Monologe.

Übung

Denken Sie einen Augenblick nach. Wer ist in Ihrem Bekanntenkreis ein schlechter Zuhörer, wer ein guter? Was macht einen guten Zuhörer Ihrer Meinung nach aus? Wie sehen Sie sich selbst?

Es ist wahr: Zuhören erfordert Zeit – aber nicht annähernd so viel Zeit, wie es kostet, Missverständnisse aufzuklären. Wir sollten damit bei uns selbst anfangen, denn wir können den anderen nicht dazu zwingen, es uns gleichzutun. Versuchen wir, durch aktives Zuhören nachzuvollziehen, was er uns mitteilen will. Damit kommen wir auch unserem Glück einen Schritt näher: Denn es wird weniger Missverständnisse und Verdruss geben, und unser Gesprächspartner wird uns mehr Vertrauen und Sympathie entgegenbringen, weil er merkt, dass wir uns für das interessieren, was er zu sagen hat – selbst wenn wir nicht zu einem Konsens kommen.

Beispiel

Der Direktor eines großen Stahlwerkes gestand: „Dass es mit unserer Firma so richtig bergab ging, haben wir leider zu spät erkannt – und zwar daran, dass unsere Stahlkocher nicht mehr zum Stammtisch kamen. Sie schämten sich für ihr Unternehmen und empfanden keinen Stolz mehr für ihre Arbeit."

Eben darum ist genaues Zuhören auch und gerade im Geschäftsleben eine so notwendige Voraussetzung für den Erfolg. Im direkten Austausch haben Führungskräfte und Mitarbeiter Gelegenheit, ein offenes und klares Feedback zu erhalten; dasselbe gilt natürlich auch für Kunden und Dienstleister oder Lieferanten. Nur wenn der Mitarbeiter offen kommuniziert, was seine Ideen und Wünsche sind, ist die Führungskraft in der Lage, ihm entsprechende Unterstützung zu gewähren oder geeignete Maßnahmen zu ergreifen. Und nur wenn die Führungskraft ihre Ziele und auch ihre Verbesserungswünsche kommuniziert, hat der Mitarbeiter eine Chance, seine Leistung zu verbessern, sein Selbstbild zu korrigieren oder Missverständnisse auszuräumen.

Gefährlich wird es dann, wenn keiner mehr etwas sagt. Denn dann werden Differenzen und Spannungsfelder nicht mehr offengelegt, sodass auch niemand darauf reagieren kann. Die schwelenden Konflikte spitzen sich unterschwellig zu, bis irgendwann Frust und Ärger nach außen drängen und die Bombe platzt. Und damit wird niemand wirklich glücklich sein.

Ein Glückstagebuch führen

„Glück ist kein Geschenk der Götter – es ist die Frucht der inneren Einstellung." Treffender, als dies der amerikanische Psychoanalytiker Erich Fromm getan hat, lässt sich die Botschaft dieses Kapitels nicht zusammenfassen. Sie wissen jetzt, dass Sie selbst das Programm schreiben, das darüber entscheidet, ob Sie ein glücklicher Mensch werden (wollen) oder nicht – privat wie beruflich. Sie sollten keine Minute länger darauf warten, dass sich irgendwann das Glück von allein einstellt – helfen Sie ihm lieber auf die Sprünge und ebnen Sie ihm den Weg in Ihr Leben.

Wenn Sie sich nun noch immer schwer tun und nicht wissen, wo und wie Sie ganz pragmatisch beginnen sollen, sei Ihnen ein Glückstagebuch ans Herz gelegt. Dorthinein notieren Sie am Ende jedes Tages, worüber Sie sich freuen konnten und was Sie an schönen Dingen erlebt und erfahren haben. Lassen Sie weder die kleinen noch die großen Anlässe aus: das Lächeln eines Fremden, die lobende Anerkennung des Vorgesetzten oder ein Akquisegespräch, das mit einer Auftragserteilung endete.

Drei Dinge, die heute schön waren:

1	
2	
3	

Mit dem Glückstagebuch erziehen Sie sich selbst dazu, mehr auf Ihre ganz persönlichen Glücksmomente zu achten und sich bewusst zu machen, was es eigentlich ist, das Ihnen diese Erfüllung beschert. So konzentrieren Sie sich immer mehr auf das Positive in Ihrem Leben und werden jeden Tag ein kleines bisschen glücklicher. Nutzen Sie Ihre Möglichkeiten!

Qualitäten, die Sie Ihrem Glück näher bringen

Wie wir mit unserem Leben zurechtkommen, wie wir auf Schicksalsschläge und freudige Ereignisse reagieren, hängt mit unserer inneren Einstellung zusammen. Wer die Dinge nicht so ernst und schwer nimmt, wird leichter glücklich als andere.

Humorvolle Lebenseinstellung

Humor ist, wenn man trotzdem lacht. – Sie kennen diese Volksweisheit. Und sie trifft den Nagel auf den Kopf: Mit Humor bieten wir widrigen Umständen die Stirn, er lässt uns die Hoffnung nicht verlieren und bringt uns einander näher: Lachen sorgt nicht nur für die Ausschüttung von Neurotransmittern und Glückshormonen (siehe S. 29f.), sondern wirkt auch ansteckend und verbindend und schafft damit Gemeinsamkeit. Außerdem beugt Humor stressbezogenen physischen und psychischen Erkrankungen vor, wie William Fry, Gelotologe (Humorforscher) und Medizinprofessor an der Stanford University, herausgefunden hat.

Den Erkenntnissen der Humorforschung zufolge sind humorvolle Zeitgenossen kreativ, witzig, verspielt, vital und empathisch. Sie verfügen über Taktgefühl und soziale Intelligenz, haben ein gutes Timing und ein feines Gespür für Beziehungen. Auch mit Nähe und Distanz können sie gut umgehen: Sie kommen anderen nahe, aber – von Ausnahmen einmal abgesehen – eben nicht zu nahe.

Humor ist ein Gewinn-Gewinn-Spiel, weil wir mit ihm unsere positiven Potenziale entwickeln können und auch andere Menschen von unserer guten Laune profitieren. Darüber hinaus lässt er uns unsere Fehler und Schwächen, aber auch die Absurditäten und Missgeschicke des täglichen Lebens leichter ertragen.

▪ *Humor ist Ausdruck eines positiven Gefühls und erzeugt wiederum positive Gefühle – nicht nur bei uns, sondern auch bei anderen. Dies macht ihn zu einer wichtigen kommunikativen Qualität im menschlichen Miteinander, die es zu pflegen gilt.* ▪

Zu einer humorvollen Lebenseinstellung kann man sich übrigens auch selbst „erziehen": Gewöhnen Sie sich an, herzlich über sich und die eigenen kleinen Fehler zu lachen. Lachen nimmt vielen Dingen ihren Stachel und beleuchtet sie von einer anderen Seite, sodass man sie plötzlich gar nicht mehr so bierernst nehmen kann. Sehen Sie sich auch sehr genau die Menschen in Ihrem Umfeld an: Hier sollten Sie Miesmacher und Miesepeter, die zum Lachen in den Keller gehen, meiden. Ziehen Sie ihnen die lebenslustigen Zeitgenossen vor, die damit umgehen können, wenn man einmal einen Spaß macht. Selbst im Berufsleben darf ab und zu gelacht werden. Denken Sie daran: So mancher Geschäftsabschluss ist schon zustande gekommen, weil die beteiligten Partner Seiten über dieselben Dinge lachen konnten. Humor kann eine Brücke sein.

Emotionale Selbstkontrolle

Wir alle haben Gefühle, und wir alle neigen ganz natürlich dazu, ihnen Ausdruck zu verleihen. Im Falle von Freude und Glück mag das im Regelfall kein Problem sein, solange wir niemandem damit schaden; wenn schlechte Laune, Wut oder sogar Hass ins Spiel kommen, sieht es allerdings schon ganz anders damit aus.

Wenn wir in der Gemeinschaft mit anderen nicht permanent anecken wollen, müssen wir negative Emotionen kontrollieren lernen. Das bedeutet auf der anderen Seite natürlich nicht, dass solche Gefühle zu verdrängen oder zu unterdrücken sind – das wäre ungesund, denn sie würden sich langfristig andere Ventile suchen, wie jeder Psychologe aus seiner täglichen Praxis bestätigen kann. Aber der Ton macht immer die Musik: Müssen wir unsere schlechte Laune wirklich nach außen tragen und anderen aufdrängen, die gar nichts damit zu tun haben? Geht es uns wirklich besser, wenn wir unsere Wut lautstark vor oder sogar an anderen abreagieren? Und ist Hass nicht eher eine Emotion, die uns anderen gegenüber verschließt und zurückwirft, statt uns menschlich weiterzubringen?

Der Schlüssel liegt in der Selbstkontrolle. Sie ist durchaus erlernbar und beginnt damit, dass wir unsere negativen Emotionen bewusst wahrnehmen, wenn sie entstehen. Wir akzeptieren sie – und dann lassen wir sie wieder los. Leichter gesagt als getan? Dann gewöhnen Sie sich zunächst an, solchen Gefühlen nicht mehr unmittelbar im Moment des Auftauchens Ausdruck zu verleihen. Zwingen Sie sich zu einer kleinen Emotionspause und lenken Sie sich ab – indem Sie einmal um den Block gehen, im Keller auf ein Werkstück einklopfen oder sich im Büro mit einem ganz anderen Vorgang beschäftigen. Und erst dann, wenn Sie sich im Griff haben, wenden Sie sich wieder Ihrem Gefühl zu und sehen, ob Sie in der Zwischenzeit Abstand dazu gewonnen haben.

Sie werden sehen: Mit etwas Übung wird es Ihnen gelingen, diese Verhaltensweise zu vervollkommnen. Abgesehen davon, dass es meist einen schalen Nachgeschmack hinterlässt, negative Emotionen ausgelebt zu haben, werden Sie anfangen, stolz auf Ihre Leistung und Ihre Selbstbeherrschung zu sein. Mit anderen Worten: Es gibt Ihnen ein positives Gefühl, Rücksicht und Respekt vor anderen an den Tag zu legen und sich selbst zurückzunehmen. Von hier aus ist es dann nur noch ein kleiner Schritt zu Empathie und Mitgefühl für die Menschen um Sie herum – zwei Qualitäten, die völlig uneigennützig sind und Ihnen gerade darum viel Glück schenken können.

Langeweile als Chance sehen

Können Sie es ertragen, eine Stunde zu warten – und zwar, ohne etwas Besonderes zu tun? Für viele bedeutet das vergeudete Zeit und Stillstand, und sie versuchen meist krampfhaft, sich zu beschäftigen. Die Langeweile wird verscheucht wie ein lästiges Insekt.

Wir bewerten Langeweile für gewöhnlich negativ: Schließlich erzeugt dieser Zustand Unzufriedenheit bei uns, da wir das Gefühl haben, unterfordert zu sein und nichts Sinnvolles oder Produktives zu leisten, sondern uns in Routineaufgaben und Nebensächlichkeiten zu verzetteln. Langeweile ist kontraproduktiv, denn alles, was wir tun, muss einen Sinn und Zweck haben – nur das macht glücklich, so lernen wir von Kindesbeinen an.

Was uns meist nicht bewusst ist: Eine solche Bewertung wurzelt tief in unserer modernen Lebensweise. Unser Leben ist im Vergleich zu früher schneller und lauter geworden und hat auch unsere Sinneswahrnehmung beeinflusst: Was physikalisch eigentlich als Lärm gilt, geht bei Jüngeren als normale Lautstärke durch. Was einst eine schnelle Filmmontage war, ist heute Nachrichtenstandardformat. Filme aus früheren Jahrzehnten kommen uns mittlerweile langatmig vor. All dies belegt, dass allmählich nur noch heftige Stimuli zu uns durchdringen, weil unsere Reizschwelle heraufgesetzt ist. Wir ertragen Stille und Stillstand nicht mehr.

Dabei übersehen wir, wie wichtig Langeweile für unsere Produktivität ist. Wir brauchen diese Phasen, in denen wir scheinbar nicht effektiv tätig sind – sie sind Ruhepausen für unser Gehirn und sorgen ähnlich wie der Schlaf dafür, dass Gelerntes sich setzen kann, Zusammenhänge transparent werden und Kreativität entsteht. Außerdem signalisiert uns Langeweile, dass es Zeit für etwas Neues ist – jenes Neue, das sich gerade im Unterbewusstsein formiert hat und nun an die Oberfläche drängt, damit wir wieder in den Prozess der Produktivität einsteigen können.

Falls Ihnen also von Zeit zu Zeit langweilig ist – nur die Ruhe: Sie sind in Sachen Glück und Kreativität auf dem rechten Weg! Betrachten Sie diese Lebensmomente als positive Zwischenzeiten, die Sie auf das kommende Neue vorbereiten, und Sie werden sich sogar noch darüber freuen.

Hoffnung: Werden Sie ein High-Hoper

„Die Hoffnung ist bereits ein Teil des Glücks und vielleicht das wichtigste Glück, das diese Welt gewährt", schrieb der englische Dichter Samuel Johnson (1709–1784). Und in der Tat: Hoffnung ist eine der Säulen unseres Wohlbefindens und unseres Erfolgs.

Sie bedeutet, dass wir Wege erkennen, wie wir unsere Ziele erreichen können, und gleichzeitig die Kraft aufbringen, uns überhaupt auf den Weg zu machen. Hoffnungsvolles Denken ist immer zielbezogen, darf allerdings nicht mit „positivem Denken" verwechselt werden. Selbstverständlich denken wir positiv, wenn wir uns Ziele setzen und sie erreichen wollen; Hoffnung baut aber keine realitätsfernen Luftschlösser, sondern orientiert sich am pragmatischen Weg. High-Hopers – Menschen also, die sehr hoffnungsvoll sind – kann man daran erkennen, wie sie mit Hindernissen umgehen. Low-Hopers denken beispielsweise immer ans Scheitern, während High-Hopers überlegen, was konkret und konstruktiv zu unternehmen ist. High-Hopers gehen den lösungsorientierten Weg.

Studien zum Phänomen Hoffnung haben gezeigt, dass Hoffnungsvolle mehr Freude und Sinn in ihrem Leben erfahren und glücklicher sind. Sportler mit großen Hoffnungen sind erfolgreicher als ihre pessimistischeren Konkurrenten (sofern ihre Hoffnungen nicht jeder realistischen Grundlage entbehren). High Hopers achten zudem auf ihre Gesundheit, werden schneller wieder gesund und ertragen Schmerzen besser.

Für die Karriere ist Hoffnung wichtiger als Begabung, Erziehung oder soziale Privilegien: Sie geht mit Produktivität stets Hand in Hand. Dabei scheint sie keine angeborene „Fähigkeit" zu sein, sondern lässt sich lernen – je eher, desto besser. Es ist aber auch möglich, noch im Erwachsenenalter den Weg der Hoffnung zu beschreiten, Ziele zu formulieren und in der Folge Möglichkeiten der Umsetzung zu suchen. High-Hopers gehen pragmatischer mit den Fährnissen des Alltags um und umschiffen Klippen und Untiefen leichter. Mit dem Silberstreif am Horizont im Blick finden sie immer einen Ausweg und lassen sich selbst durch die Stürme des Lebens nicht entmutigen.

Literaturempfehlungen

Csikszentmihalyi, Mihaly: *Flow im Beruf. Das Geheimnis des Glücks am Arbeitsplatz*, Stuttgart, 2. Auflage, 2004

Dalai Lama: *Mein Wegweiser zum Glück*, Bergisch-Gladbach, 2004

Groth, Klaus J.: *Glück ist machbar. Die Praxis des positiven Denkens. Mit Trainingsanleitung*, München, 2000

Lermer, Stephan: *Die neue Psychologie des Glücks. Leben mit Schwung und innerer Harmonie*, Heidelberg, 3. Auflage, 2001

Rückert, Hans-Werner: *Entdecke das Glück des Handelns. Überwinden, was das Leben blockiert*, Frankfurt am Main, 2. Auflage, 2004

Stichwortverzeichnis